EL ESTUDIANTE DE PERMACULTURA

Gran parte del libro de texto y libro de ejercicios están inspirados en el trabajo de Geoff Lawton, el curso online de diseño en permacultura de Geoff Lawton y el trabajo de sus predecesores: Bill Mollison, David Holmgren, Masanobu Fukuoka y P.A. Yeomans. El libro está adaptado para estudiantes de 11 años o más, pero no está limitado únicamente a esa audiencia. Este libro puede fácilmente ser un suplemento a cualquier clase de ciencias de una escuela media de EE.UU. o su equivalente internacional. También puede ser usado como un curso rápido en permacultura para adultos que no disponen de tiempo para leer textos más avanzados.

Esta serie fue creada para incorporar el pensamiento de diseño ético a la educación de los niños a través de un enfoque funcional, positivista y con actividades prácticas que conectan un amplio espectro de ciencias: Agricultura, Horticultura, Ecología, Química, Arquitectura, Paisajismo, Nutrición y Biología.

Ilustraciones
Página 8, "Bombilla" por Matt Powers.
Páginas 2-3, 5, 26, 34, 35, 41, 48 inferior, 51, 62, 64-65, 68, 79 y 81 por Wayne Fleming. Página 89 por Lyric Piccolotti.
El resto de ilustraciones por Brandon Carpenter.

Maquetación por Thomas Mitchell de Byblos
Media. Publicado 2015,
PowersPermaculture123.

Tabla de Contenidos

Capítulo I 1
Introducción

Capítulo II 10
Naturaleza

Comportamientos de la Naturaleza. 11
Elementos de la Naturaleza. 16
Suelo. 18
Hongos. 22
Árboles. 24
Climas. 27

Capítulo III 30
Diseño en Permacultura

Observación. 31
Planificación. 42

Acción:
Suelo. 48
Plantas. 62
Animales. 64
Acuicultura. 66
Movimientos de tierras. 69
En el hogar. 73

Capítulo IV 77
Permacultura y el futuro

Capítulo I.

Introducción

¿Qué es Permacultura?

La permacultura comenzó como agricultura permanente, un sistema de alimentación ético y sustentable, pero se expandió como un sistema ético de diseño capaz de proporcionar estabilidad a culturas permanentes. Se centra en usar la energía emulando a la naturaleza pero mediante un diseño de Permacultura se captura y se utiliza toda la energía, incluyendo la energía potencial. La Permacultura funciona, se expande y se beneficia con los patrones de la naturaleza.

Proveer de alimentos de manera sustentable no es algo nuevo. Muchas culturas han tenido conocimientos que se basaban en elementos sostenibles. Si hemos llegado hasta la actualidad como especie ha sido porque nuestros antepasados vivieron en suficiente armonía como para sobrevivir en la naturaleza. Esos antepasados no tuvieron acceso a los estudios científicos, tecnología moderna o a la diversidad de plantas y animales que tenemos hoy día. Esos antepasados fueron agudos observadores de los patrones de la naturaleza, limitando el uso de los recursos para que siguieran siendo renovables. Con nuestro entendimiento actual del pasado y presente diseño en permacultura, podemos crear sistemas **resistentes** y sustentables que cubran de manera placentera nuestras necesidades a nivel local y global de manera que beneficia a la naturaleza.

Ético: Acciones que no dañan ni a las personas ni al medio ambiente
Sustentable: Cuando los sistemas pueden continuar de manera perpetua.
Energías: Cualquier cosa que pueda ser usado para alimentar un proceso. Por ejemplo, el sol, calor, viento, etc.
Energía Potencial: Cualquier recurso o elemento que tiene el potencial de ser usado para crear energía: agua, gravedad, leña, etc.
Elemento: Parte de algo que pertenece a un todo más grande que él. por ejemplo: un árbol en un bosque.
Diversidad: Gran cantidad de varias cosas distintas.
Resistente: Capaz de resistir o recuperarse rápidamente de esfuerzos y daños.

Principios Éticos del Diseño

Cuidado de la Tierra
Cuidar de todo lo vivo y no vivo que habita en la tierra

.

Cuidado de las Personas
Cuidar de toda la humanidad con autosuficiencia y responsabilidad comunal.

.

Cuidad del Futuro
Facilitar el cuidado de los dos primeros principios éticos y del Futuro -Comercio, intercambio, beneficencia, sostenibilidad y espacios naturales.

.

Todos los diseños han de encontrar un equilibrio ético, haciendo que los 3 principios éticos se solapen. Bien equilibrados, los diseños siempre son beneficiosos para la tierra y para la vida que alberga, incluyendo las personas.

La Directriz Principal

"La única decisión ética es tomar responsabilidad
de la existencia uno mismo y de la de los suyos. HAGALO AHORA"
-Bill Mollison, *Permaculture: A Designer´s Manual*

En el problema radica la solución

La permacultura ve los problemas como oportunidades para mejorar. Por ejemplo, a través del diseño, los desperdicios no deseados se pueden convertir en un recurso valioso. El valor potencial de un recurso depende de la magnitud del problema. Demasiado viento se puede convertir en energía gracias a una turbina eólica. Un exceso de agua se puede convertir en estanques productivos o en energía hidroeléctrica. Demasiado sol se puede convertir en energía solar. El único límite para resolver los problemas es nuestra imaginación.

Permacultura en el paisaje y la sociedad

1. Preservar y Proteger la Naturaleza Virgen.
2. **Rehabilitar** Tierras **Degradadas**
3. Crear nuestros propios sistemas vitales complejos.
    (Mollison, *Permaculture: A Designer´s Manual*, 1988).

> **Rehabilitar:** Devolver algo a su estado original.
> **Degradado:** Dañado, disminuido en calidad y función.

Trabaje con la Naturaleza

Identificar cómo funciona la naturaleza es el primer paso para poder trabajar con ella. Usando los métodos que emplea la naturaleza podemos usar menos energía para alcanzar nuestros objetivos y beneficiar a la tierra en el proceso. Cuando permitimos dar cabida a los insectos, hongos y "malas hierbas", no estamos diciendo NO a los pesticidas, fungicidas y herbicidas, sino que accedemos a trabajar con los sistemas naturales. Todos esos elementos son críticos en un ecosistema próspero y son necesarios para tener suelos, alimentos y gente sana.

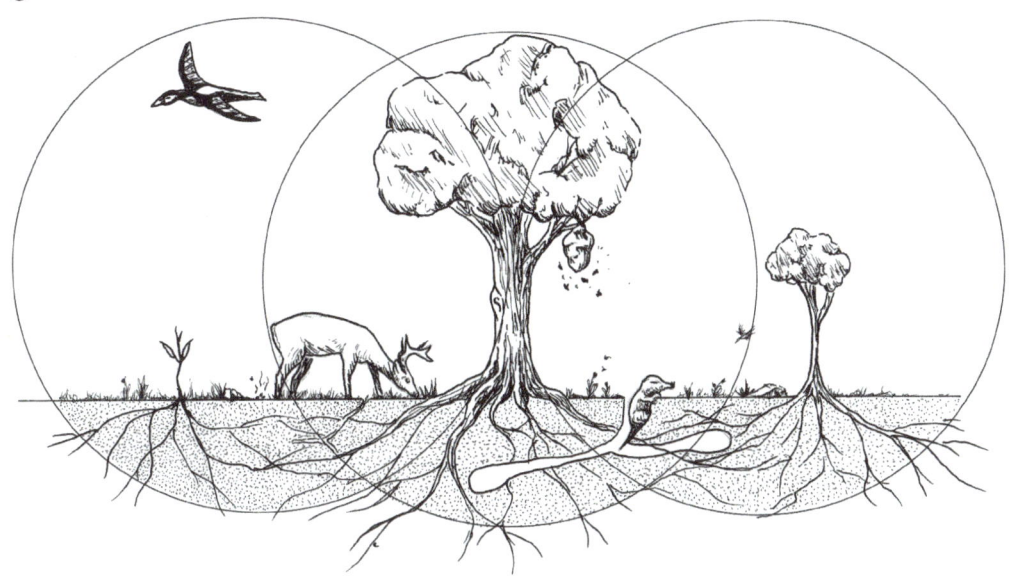

Todos cultivamos

En un sistema equilibrado los aportes y la producción de cada elemento mejoran su medio ambiente. El topo y la lombriz airean el suelo. Los pájaros y los ramoneadores aumentan la superficie de los bosques al diseminar semillas y fertilizar sus fuentes de alimento. Las "Malas Hierbas" como los vezos y el trébol reparan el suelo, como la mayoría de las leguminosas. Las malas hierbas son indicadoras de las carencias del suelo ya que cada especie considerada mala hierba provee de nutrientes o minerales específicos que el ecosistema necesita. Los paisajes degradados siempre intentan sanarse por sí mismos. Toda forma de vida busca desarrollarse hasta su máxima expresión. Si utilizamos a los jardineros de la naturaleza, podemos hacer un cambio rápido, poderoso y positivo en el medio ambiente.

Airear: Añadir aire a algo
Leguminosas: Plantas que frecuentemente fijan nitrógeno. Son críticas para los bosques comestibles y jardines en permacultura
Degradado: Avanzar en sentido contrario a la evolución, rebajado en calidad y función.

Haga mínimos cambios para obtener el efecto máximo.

Los mejores diseños están cimentados en un equilibrio entre ingresos y producción. Un buen diseño ha de usar la menor cantidad de energía posible para obtener el máximo beneficio. Por ejemplo, para evitar bolsas de frío, se podan las ramas bajas de los árboles en vez de cortarlos, permitiendo que el aire frío pase a través de los troncos en vez de quedarse atrapado. En Australia si se aísla el techo de su vivienda ahorrara un 40% de los costes de calefacción y refrigeración.

Un simple embalse de troncos puede redirigir parcialmente un arroyo o corriente para irrigar un jardín con gran efectividad.

> **Bolsas de a:** Un área donde el aire frío se estanca, normalmente en depresiones umbrías.

¿Agricultura convencional? ¿Orgánica? ¿Permacomida?

Hay mucha confusión alrededor del término "orgánico". La mayoría de la gente cree que orgánico significa que no se ha fumigado con químicos y que no son organismos genéticamente modificados (GMO en inglés). Aunque la legislación vigente viene a decir más o menos eso, el concepto es algo más complejo y tiene diferentes reglas para cada tipo de agricultura. En EE.UU. el término "Orgánico" es una certificación expedida por la FDA que limita la manera en que los alimentos han de ser cultivados en esa granja certificada pero no es ningún indicador de la salubridad del alimento. Hay que señalar que cualquiera puede cultivar de manera orgánica, sin productos químicos artificiales y no se necesita de ninguna certificación para hacerlo.

Algunas partes de la agricultura no tienen ninguna norma orgánica que las regule. En los sistemas permaculturales se promueve la nutrición. El perma-alimento, o comida que proviene de un sistema permacultural, se hace más sana en la medida que los suelos son mejorados. El perma-alimento no usa productos químicos sintéticos o procesos antinaturales o contrarios a la ética; El perma-alimento al imitar a la naturaleza provee de alimentos nutricionalmente superiores.

Los alimentos pueden ser licuados o exprimidos para zumo y éstos ser sometidos a pruebas con un refractómetro para observar los niveles de almidón (azúcar). Los niveles de almidón indican cómo de bien está fotosintetizando la planta, la efectividad con la que intercambia nutrientes con la rizosfera… en general indica la densidad nutricional del alimento estudiado.

Más allá del valor nutricional, el sabor de los alimentos cultivados en sistemas inspirados en permacultura son apreciados por los cocineros y queridos por los productores domésticos.

Fumigaciones con químicos: Fungicidas, herbicidas y pesticidas basados en productos químicos de síntesis. **GMO u Organismos Genéticamente Modificados:** Organismos que han sufrido una alteración de sus genes mediante un virus o enfermedad que inserta un ADN proveniente de otro organismo en su genoma, habitualmente de una especie distinta.

FDA- Food and Drug Administration. Administración de Alimentos y Drogas. Un organismo regulador del gobierno federal de EE.UU

Certificación: Es la confirmación o el reconocimiento por parte del ente regulador competente de ciertas cualidades o características.

Norma: Regla que se debe seguir o a que se deben ajustar las conductas, tareas, actividades etc.

Refractómetro: Aparato que analiza mediante refracción lumínica niveles de almidón/azúcar. Usado comúnmente por explotaciones comerciales de miel, vino y zumo. **Rizosfera:** El área bajo la superficie del suelo donde se desarrolla el sistema radicular de las plantas (rizomas).

Los 3 mayores problemas del mundo

Escasez de agua: La creciente sequía esta amenazando la producción de alimentos mundial mientras que los gobiernos, corporaciones e individuos extraen agua de los acuíferos a un ritmo en el que no podrán ser recargados en nuestra vida ni en la de nuestros hijos. La demanda industrial de agua ha aumentado de manera exponencial a medida que su escasez ha presionado las ya maltrechas fuentes de agua dulce, anteponiendo las necesidades de la industria a las de la naturaleza y generaciones futuras. Las fuentes de agua dulce no contaminadas son escasas. Necesitamos poder observar al agua potable como el mineral más precioso del mundo.

Degradación del suelo: El suelo el origen de la vida en los medios en los que los humanos y la gran mayoría de seres vivos habitan. Incluso las zonas más fértiles de los océanos tienen sus propios tipos de suelo. La capa vegetal del suelo mundial se erosiona cada año más rápido, la mitad de la capa vegetal se ha perdido en los últimos 150 años. Las prácticas agrarias, la falta de comprensión de la ciencia del suelo, las exigencias de los mercados y el cambio climático han ayudado a la pérdida del mantillo, pero resolver el problema es más importante que las causas que lo produjeron. Las técnicas permaculturales general mantillo imitando los procesos de la naturaleza.

Deforestación: A medida que los bosques se talan, el mantillo es lavado por las lluvias o llevado por el viento. Los hábitats para los organismos se pierden, causando extinciones de especies y a veces extinciones de los propios ecosistemas.

Los bosques proveen de agua limpia, alimentos y animales que sustentan poblaciones humanas. Sin bosques que hagan esta labor de manera pasiva, la civilización humana ha tenido que invertir cada vez más medios en suplir estas funciones del bosque. Si todo lo que necesitamos fuera producido localmente y de manera sostenible no habría necesidad de talar ningún bosque. El diseño en permacultura nos ayuda a desarrollar bosques que pueden durar siglos, incluso milenios, mediante la observación y acatamiento de los patrones y sistemas naturales.

Contaminación: La contaminación es un problema creciente que puede ser abordado. Toda la porquería que soltamos al quemar combustibles fósiles puede ser devuelta a un estado inerte mediante el compostaje. Incluso los residuos radioactivos pueden ser alimento para los hongos. Los desechos producidos por la humanidad son un gran problema, ya sean contaminación auditiva, atmosférica, de nuestros suelos y aguas. En el fondo la contaminación es un fallo de diseño, una mala gestión de recursos. Su exceso puede ser reintegrado en el ciclo natural siempre que no se creen ni se liberen sustancias que no se pueden ciclar (como el DDT) Tenemos que negarnos a usar y a boicotear químicos peligrosos como el Agente Naranja y el DDT. Todos los desechos han de ser reciclables en un diseño permacultural y cada lugar ha de ser responsable de sus propios desechos.

Pasivo: Que trabaja sin ningún estímulo activo.
Inerte: No reactivo, inocuo.
Exceso: Más de lo que el sistema puede usar.
DDT: Diclorodifeniltricloroetano, un pesticida.

Capítulo II

Naturaleza

Comportamientos de la Naturaleza

Diversidad

Diversidad es la cantidad de variedad de un sistema, de la misma manera que la biodiversidad es la variedad de vida en un ecosistema. Cuanta más interacción haya en un sistema, mas resistente y estable será. Cuantas más interacciones entre elementos del ecosistema haya más estable se vuelve. Los sistemas estables son predecibles y acumulan recursos que aumentan la fertilidad. Un aumento de la fertilidad conduce, con el tiempo, a un ecosistema más rico y diverso hasta llegar a su clímax.

"Los ecosistemas son sistemas complejos; están sutilmente integrados e interrelacionados y sin interdependientes en modos que apenas comprendemos. Tienen una estructura y funcionan de modo que mantienen la vida que albergan en buena salud p. ej. agua limpia, generan suelos, mantienen la fertilidad animal y vegetal y mantienen la calidad del agua y la estabilidad del clima"

-Rosemary Morrow

Los sistemas vivos están basados en la diversidad y se perpetúan a través de la diversidad.

> **Acumular:** Acopiar una cantidad creciente de algo.
> **Fertilidad:** El potencial para la vida.

Cuando una leguminosa comienza a crecer una zona de baja fertilidad y diversidad, comienza una reacción en cadena. Su hojarasca empieza a cubrir el suelo, nutriéndolo a medida que se descompone. Sus semillas empiezan a diseminarse creando otros árboles y comienza a generarse sombra. Casi todas las leguminosas fijan nitrógeno atmosférico en el suelo usando sus nódulos radiculares para interactuar con las bacterias del suelo. Cada elemento de la planta acaba devolviendo el nitrógeno al suelo, aumentando de este modo su fertilidad. A medida que la hojarasca crea suelos fértiles y los árboles generan sombra, el agua es retenida, los animales se alimentan, los descomponedores del suelo se alimentan, la fertilidad del suelo se incrementa y la vida en él se diversifica.

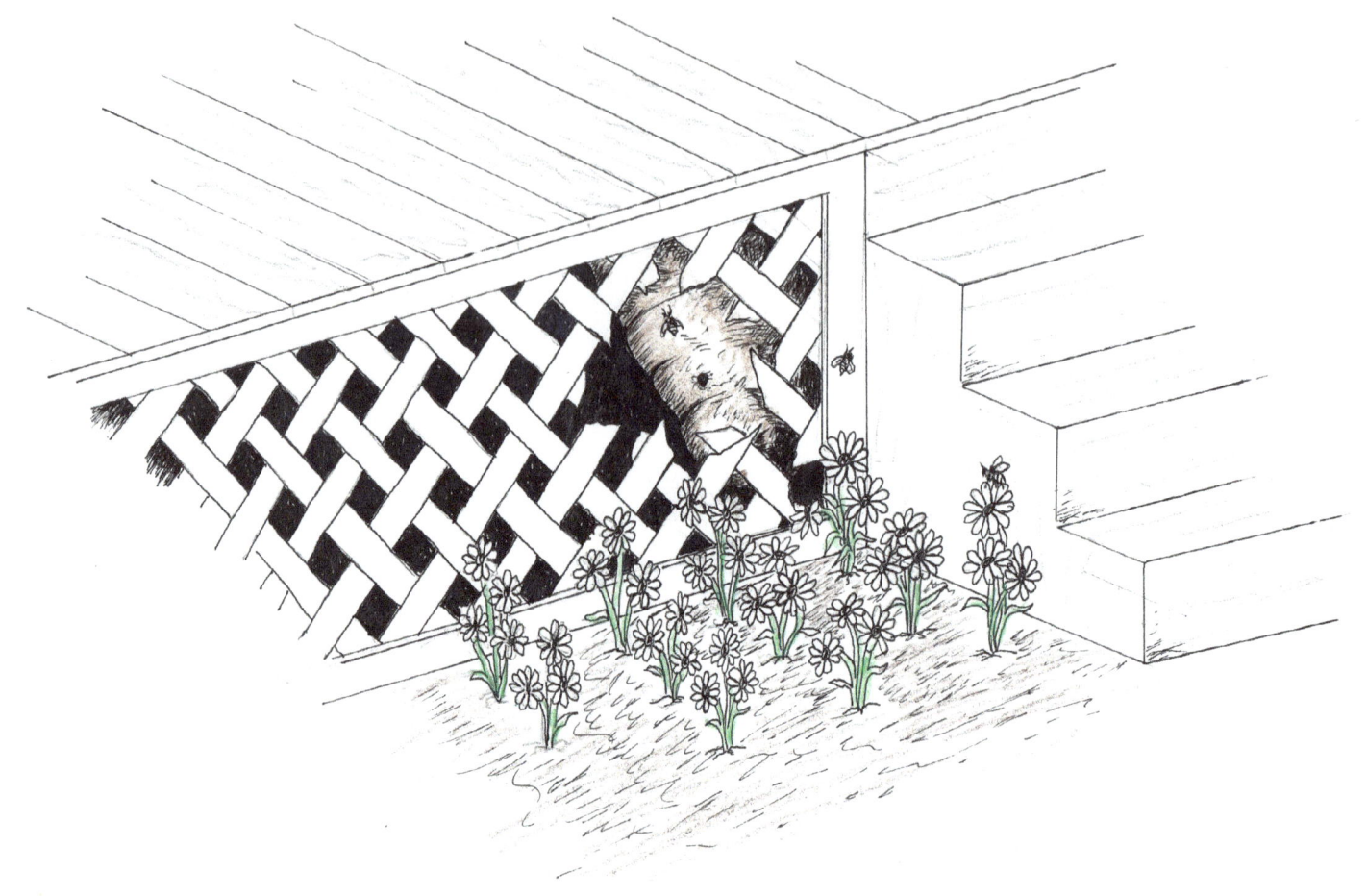

Nicho

Nicho son las labores o las oportunidades a realizar en la diversidad de un ecosistema. Cualquier forma de vida puede desarrollar una labor funcional en un ecosistema. La Permacultura llena nichos mediante diseño con formas de vida deseables. Un agujero en la celosía del porche puede ser un problema para su propietario, pero para las abejas puede ser el lugar perfecto para instalarse para estar cerca del jardín.

Ciclos: Nichos en el tiempo

Los ciclos son patrones que funcionan en fases a lo largo del tiempo. Cada fase es la precursora de la siguiente. No hay comienzo ni final: es continuo. El tamaño del ciclo no es un factor determinante ya que hay ciclos que son intracelulares a nivel microscópico ó a nivel de la atmósfera. Es nuestro trabajo como diseñadores el reconocer y potenciar los ciclos naturales en nuestro sistema. Los ciclos naturales evitan la acumulación de desechos. El desecho de un ciclo pasa a ser el recurso para el siguiente: la hierba comida por las vacas pasa a ser estiércol que es diseminado y picoteado por las gallinas que lo incorporan de nuevo al suelo. En cada nivel el desecho es la materia prima que se usa en el siguiente ciclo.

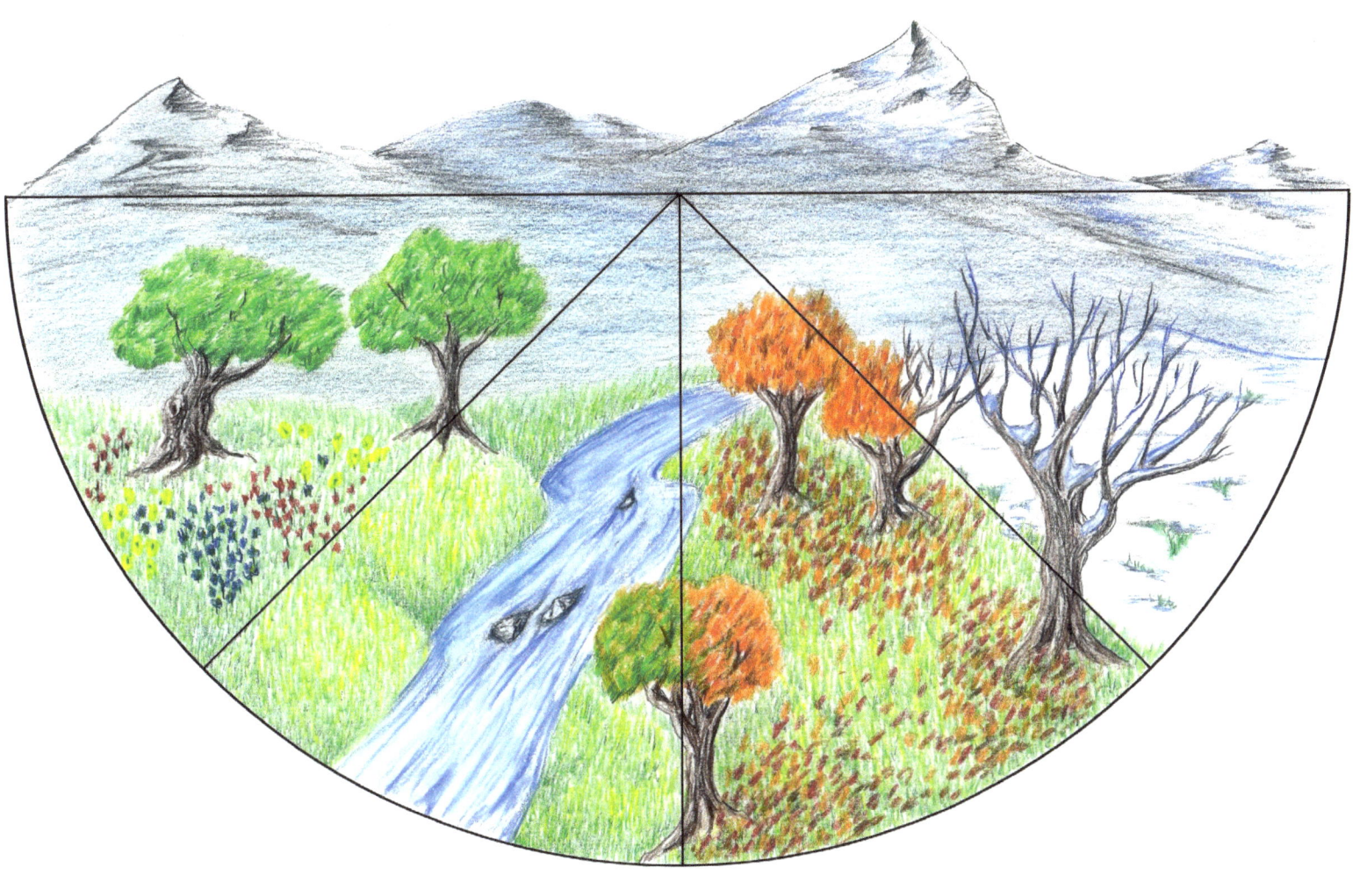

La nieve se acumula en invierno y es fundida en primavera para crear corrientes de agua que alimentan el nuevo crecimiento de cada año. Este ciclo alimenta el clima de zonas templadas Los árboles de hoja caduca depositan sus hojas en el suelo creando una manta de acolchado que protege a raíces y semillas de las heladas invernales. El acolchado de hojarasca se composta a lo largo del invierno y se convierte en alimento para la fase de crecimiento de la primavera siguiente.

> **Acolchado:** materia orgánica que se descompone en suelos ricos. Hojarasca, compost, ramas, cortezas. Es ideal para cubrir el mantillo para proteger la vida del suelo.

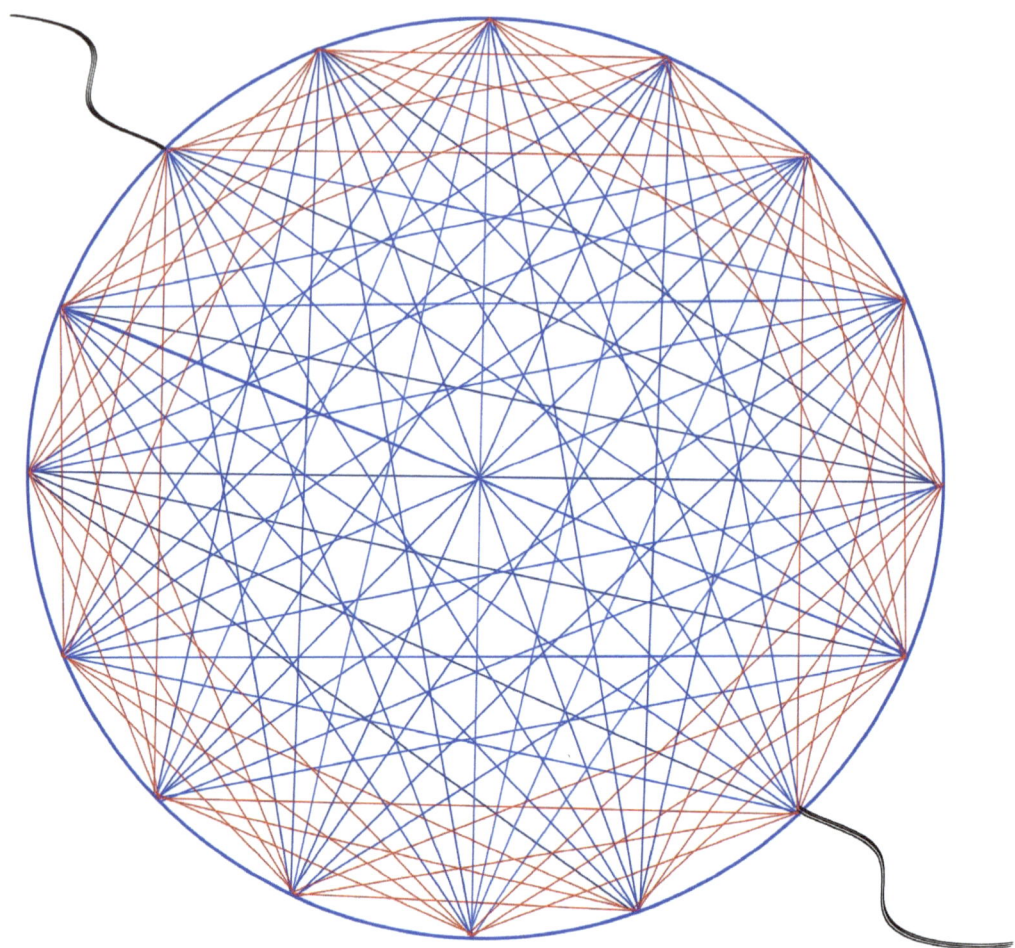

La Red de la Vida

En un ecosistema sano la energía, el agua y la fertilidad entran a través de una fuente y circulan a través de tantos medios sean posibles antes de abandonar el sistema. Esto puede incluir plantas, animales e incluso la atmósfera . Todos los elementos interaccionan con todos, o comparten interdependencia, y ciclan nutrientes y energía. En un espacio de permacultura debidamente diseñado la energía y la fertilidad son atrapadas y cicladas indefinidamente.

Los bosques pueden durar milenios.

El ciclo del agua global

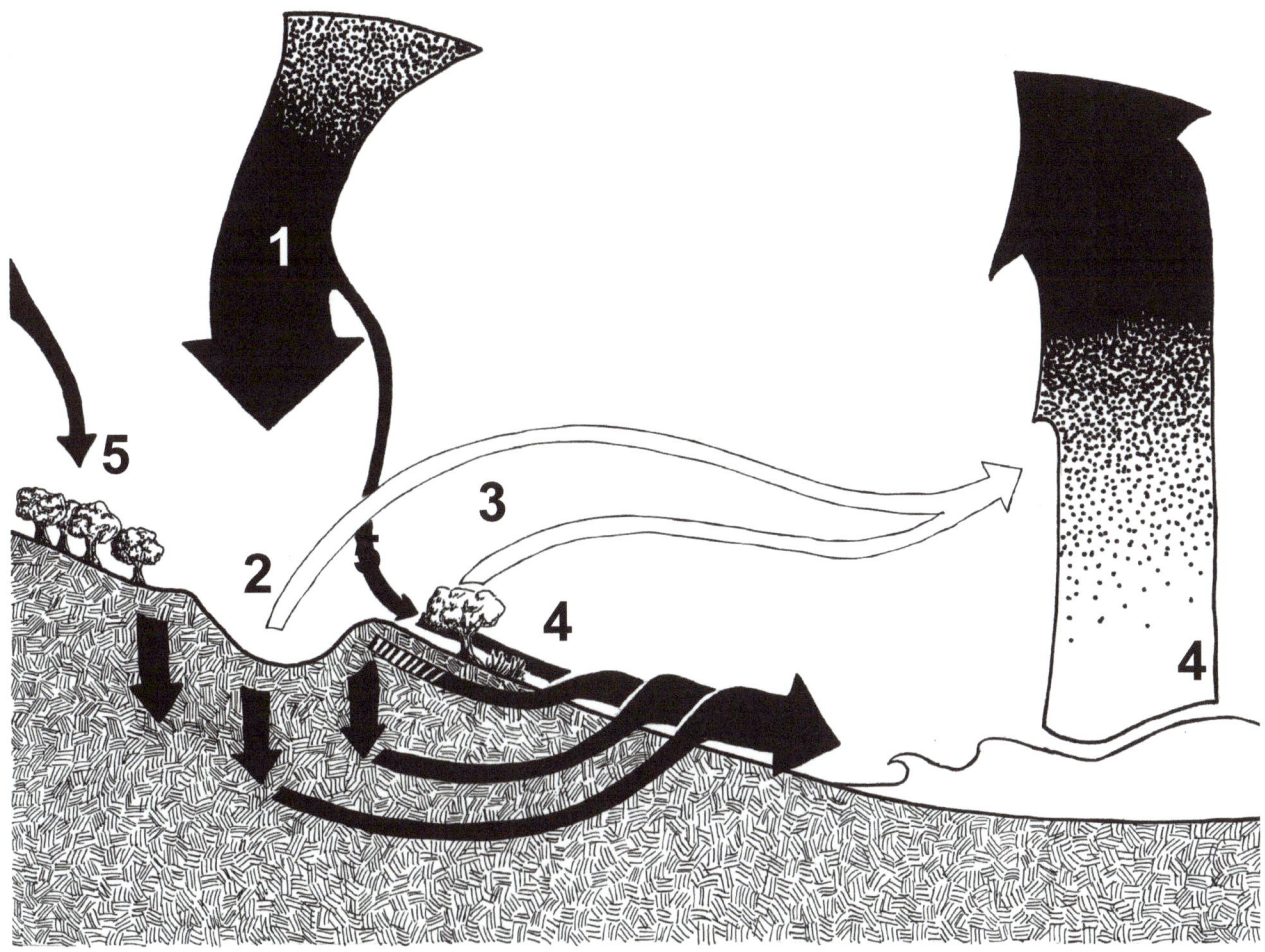

1) **Precipitación**: Cualquier forma de agua que cae al suelo desde la atmósfera.
2) **Evaporación:** El proceso de enfriamiento del agua en el que pasa de estado líquido a gaseoso.
   La evaporación del suelo es particularmente problemática.
3) **Transpiración:** El proceso fisiológico del agua moviéndose a través de las plantas y evaporándose por sus hojas, tallos y ramas.
4) **Evapotranspiración:** Movimiento del aire o agua que causa que el agua se pierda cuando el agua transpirada se convierte en gas y forma nubes.
5) **Condensación:** El proceso de calentamiento en el que el vapor de agua se recoge en una superficie y pasa de gas a líquido. Es una manera de cosechar agua.

Asimismo, existen ciclos contenidos en ciclos. Una gota de lluvia es absorbida por el suelo y tomada por una planta. La hoja de esa planta es comida por un animal que posteriormente orina en una porción de suelo distante en el que alimenta otra planta, la cual es comida por áfidos, que son comidos por pájaros. Estos pájaros defecan bajo la sombra de una planta, esta planta toma los nutrientes y humedad a sus raíces a través del suelo, y así sucesivamente. Finalmente deja el sistema mediante evaporación o uniéndose a un cuerpo de agua mayor. El agua viaja en sentido descendente de manera continua hacia el nivel del mar aunque cuando el agua llega a zonas llanas se calma y penetra otra vez en el suelo.

Elementos de la Naturaleza

El Sol

El Sol es el origen de toda energía. Alimenta al planeta y a todos los procesos naturales ya sea de manera directa o indirecta. El sol alimenta el motor del planeta desde su núcleo hasta la atmósfera. La tierra gira alrededor del sol y nosotros rotamos sobre el eje de la tierra. El sol influencia el crecimiento y el comportamiento de todo lo que habita en la tierra y provee del contexto a los procesos que no precisan de luz.

Agua | Toda la Vida

Los sistemas dependen del agua para sobrevivir. Para desarrollar un espacio de permacultura hay que tener en cuenta la cantidad de agua que hay en el lugar, cuánta precipitación tiene y cuantas veces al año hay agua disponible.

Acuicultura

El agua rica en vida provee de abundante alimento de manera perpetua, más que cualquier sistema basado en tierra.

Fuente de energía

El agua es una fuente de energía potencial que siempre ha sido utilizada tanto para sistemas naturales como antropogénicos. Almacenar agua tan alto como sea posible en el terreno asegura la mayor energía potencial posible. Es energía potencial porque los cuerpos de agua pasivos no proveen de energía para uso humano a no ser que haya intervención humana o un proceso natural.

Es nuestra responsabilidad el recargar los acuíferos que hemos sobreexplotado, restaurar las cuencas que hemos dañado o eliminado y limpiar nuestros ríos y cauces de toxinas.

Viento

El viento es un fenómeno sorprendente. Aunque mayormente invisible, transporta sedimentos, semillas, nutrientes, insectos y pájaros desde largas distancias. También previene infecciones fúngicas, refresca, causa que los troncos engrosen y hasta poda ramas. El viento puede ser convertido en electricidad, ser elevado sobre un lugar mediante un cinturón forestal, ser ralentizado por un cortavientos o ser canalizado a través de un túnel de viento. Puede ser una fuerza destructiva si el lugar no está adecuadamente diseñado.

Suelo

El suelo es el mayor, más diverso y más complejo sistema vital conocido por la ciencia. Se tiene menos conocimiento de él que del espacio exterior. Únicamente en tiempos recientes la ciencia ha podido empezar a comprender la ciencia del suelo.

Los suelos sanos crean plantas sanas. Las plantas sanas proveen de agua limpia, aire limpio y abundante alimento. El carbón orgánico es la base de toda la estructura vital de nuestros ecosistemas, pero tanto las plantas como los animales necesitan el adecuado equilibrio de nutrientes disponibles en el suelo. Poseer una gran diversidad de materia orgánica en el suelo provee a éste de todos los nutrientes necesarios.

> **Nutrientes primarios:** Nitrógeno (N), Fósforo (P). Potasio (K)
> **Nutrientes Secundarios:** Calcio (Ca), Magnesio (Mg), Azufre (S)
> **Micronutrientes:** Boro (B), Cobre (Cu), Hierro (Fe), Cloro (Cl) Manganeso (Mn), Molibdeno (Mo), Zinc (Zn)

Los suelos albergan millones de organismos como bacterias, hongos, nematodos y protozoos, muchos de los cuales aun no han sido identificados. El agua y el aire también están presentes en el suelo, elementos que la mayoría de los organismos necesitan parea sobrevivir. Estos pequeños organismos pueden ser vistos y estudiados mediante un microscopio . Sus actividades retienen agua y proveen de nutrientes a plantas y entre ellos.

Las plantas tienen un determinado ratio de Hongos frente a Bacterias (H:B) preferido. Las plantas anuales; vegetales y herbáceas prefieren suelos dominados por bacterias. Las plantas perennes; árboles y arbustos prefieren suelos dominados por hongos. Todos los bosques de edad avanzada están asentados sobre suelos con predominio de hongos.

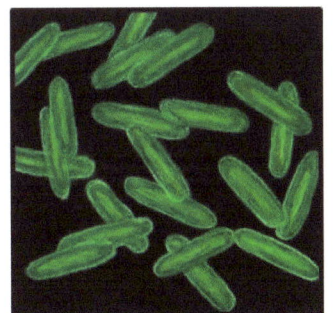  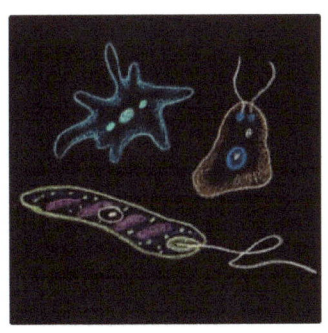 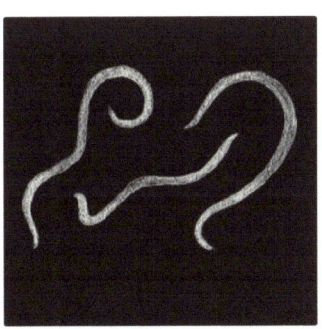

Bacterias　　　**Hongos**　　　**Protozoos**　　　**Nematodos**

Reincorporar materia orgánica al suelo es la única vía de mantener la fertilidad del mismo. Los biocidas, ya sean insecticidas y pesticidas, destruyen la vida del suelo que es la que produce alimentos saludables. Los fertilizantes que solamente proveen de los nutrientes primarios carecen de carbón orgánico, nutrientes secundarios y micronutrientes. Construir suelos de manera natural es todo lo que se necesita para generar suelos abundantes y sanos.

En el medio natural que no ha sufrido alteraciones, el suelo es creado a través de una combinación de procesos: meteorización, degradación química y descomposición. La acción física de un glaciar sobre el lecho rocoso o el viento soplando a través de un cañón son ejemplos de meteorización. Los hongos descomponen rocas y formas complejas de materia orgánica mientras que las bacterias rompen materia orgánica simple, tales como azúcares simples. Los hongos acidifican el suelo mientras que las bacterias lo hacen más alcalino. Los cuatro componentes básicos de un suelo son arcilla, arena, limo, materia orgánica y organismos. Los suelos son biológicos fúngicos, minerales y bacterianos.

> **Biocidas:** Substancias que matan entes vivos, habitualmente hecho con substancias sintéticas que suelen persistir en el medio ambiente durante años.
> **Herbicidas:** Biocidas usados en plantas no deseadas.
> **Pesticidas:** Biocidas usados para envenenar insectos y animales superiores para proteger plantas débiles.
> **Meteorización:** Fuerzas naturales y procesos físicos que rompen la roca y otros elementos transformándolos en suelo.

La red alimentaria del suelo

La red alimentaria del suelo es un mapa de interconexiones y ciclos de la vida del suelo. El equilibrio en la red alimentaria del suelo ocurre cuando tanto hongos como bacterias son variadas y cuando la materia orgánica está disponible ya que el resto de niveles de organismos dependen de estos elementos para prosperar. Cuando todos los niveles de la red alimentaria están activos, mineralizan nutrientes que pasan a ser biodisponibles para las plantas, crean suelos y retienen humedad y nutrientes. La vida de los suelos es la clave para la fertilidad de éstos.

"No puede haber suelo sin vida"
-Elaine Ingham

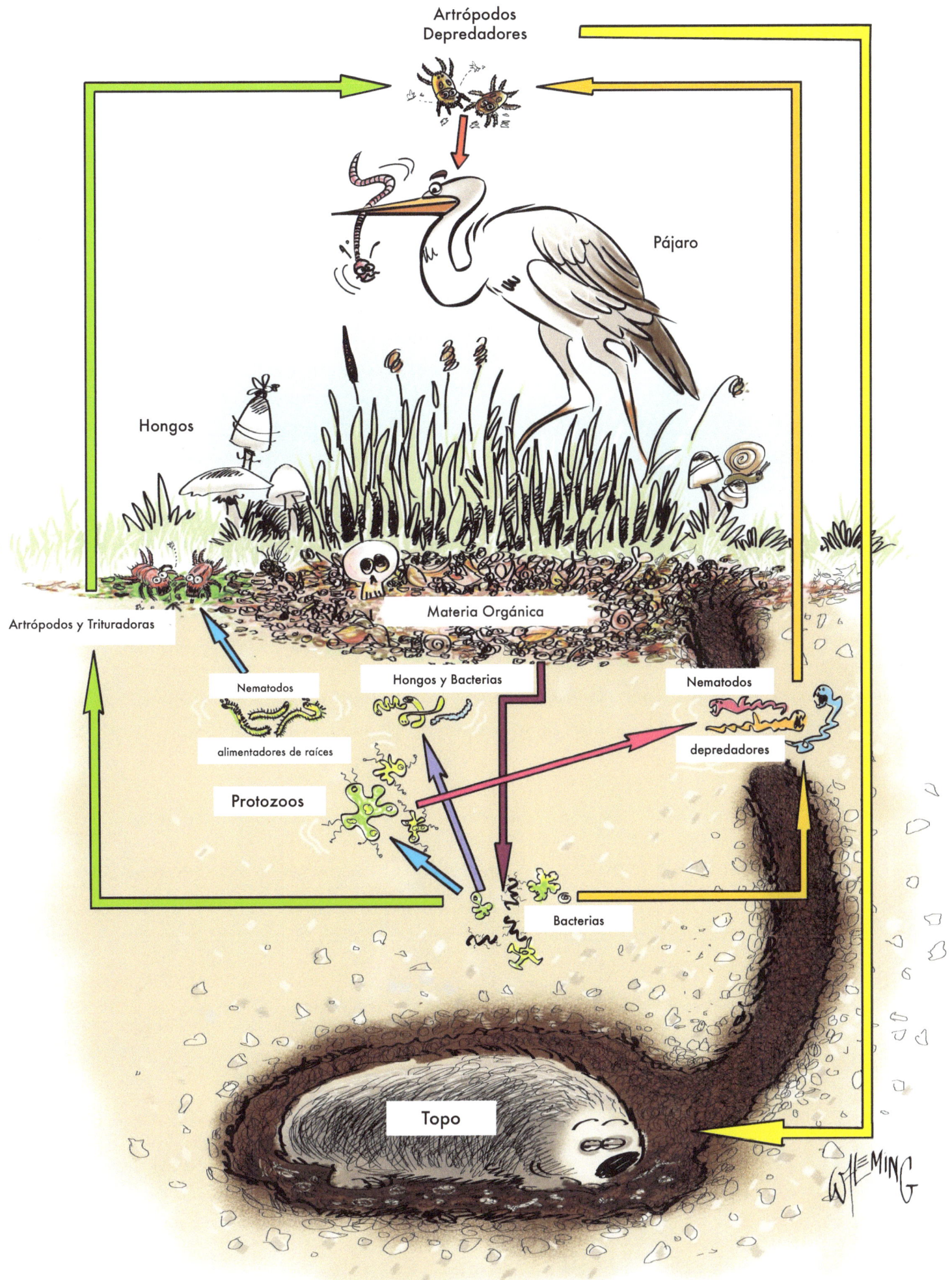

 # Hongos

Los hongos son un componente esencial en numerosos ciclos, vida del suelo y suelos. Descomponen materia orgánica y y minerales en condiciones aeróbicas, diseminan enfermedades en medios privados de oxígeno y crean una red de intercambio de nutrientes en el suelo que se puede extender kilómetros. Los hongos descomponen la lignina de la que está hecha las fibras de la madera y a cambio los árboles prefieren desarrollarse en suelos dominados por actividad fúngica. Las **hifas** de los hongos micorrícicos trabajan junto a las raíces de las plantas para intercambiar nutrientes de los microorganismos del suelo a cambio de los **exudados** de las plantas. Esos exudados son consumidos por hongos y bacterias. Los nematodos y protozoos se alimentan de hongos y bacterias y excretan en el suelo nutrientes disponibles para las plantas como desecho. Mediante la liberación de exudados las plantas atraen hongos y bacterias que a su vez atraen nematodos y protozoos que alimentan a las plantas mediante sus excretas. Las plantas liberan exudados concretos que atraen a nematodos y protozoos concretos que necesitan para que les provean de los nutrientes específicos que necesitan. Sin la cobertura protectora de las hifas, las raíces estarían expuestas a los ataques de nematodos que se alimentan de raíces y otros seres depredadores de la biología del suelo. Las plantas no podrían intercambiar sus exudados para atraer a los hongos y bacterias adecuadas.

A medio plazo, los suelos dominados por hongos son esenciales para el crecimiento sostenible de los bosques. Todos los bosques crecen en suelos dominados por hongos.

Hifa: Un elemento del hongo, son esos hilos largos que se asemejan a ramas de árboles.

Exudados: Carbohidratos en su mayoría (azúcares y almidones) y algunas proteínas.

Nematodos: Parecido a un gusano microscópico pluricelular que se alimenta de hongos y bacterias.

Protozoos: Organismos microscópicos unicelulares que se alimentan de hongos y bacterias.

"Los hongos son los organismos que actúan de interfaz entre la vida y la muerte"
-Paul Stamets

Las setas son el fruto de los hongos. Muchas setas son venenosas, pero algunas son deliciosas y nutritivas. A veces es difícil saber qué seta es comestible y cual no, ya que muchas tienen un gran parecido entre ellas. Comer setas silvestres puede ser peligroso, aunque a la vista parezcan iguales a las que se compran en la tienda. Aprender a identificarlas con un micólogo es primordial.

Los hongos descomponen árboles. Cuando esto ocurre la madera se queda acorchada. Los bosques crecen sobre bosques que cayeron. Sin los hongos no habría bosques.

Los hongos forman micelios, una especie de red de comunicaciones en el suelo del bosque a través de sus hifas. Estas redes se pueden extender por kilómetros. Las hifas son la vía de intercambio para los nutrientes de las plantas y sus almidones. Los árboles infectados por alguna plaga se comunicarán a través de la red de hifas del suelo con otros árboles situados incluso a kilómetros de distancia y empezarán a desarrollar una resistencia a esa plaga.

Micelio: El cuerpo del hongo.
Resistencia: La habilidad de resistir la influencia de un agente externo.

Árboles

La raza humana siempre ha dependido de los árboles. Los árboles proveen de alimento, aire limpio y agua, sombra, material de construcción, acolchado, **hábitat**, registros históricos, cortavientos, fibra, medicina y mucho más. Sin los árboles no tendríamos la diversidad de animales, plantas, materiales y recursos necesarios para el sustento de la raza humana. Estamos en una relación **simbiótica** con los árboles. Los árboles interactúan en todos los niveles de un ecosistema.

> **Hábitat:** El entorno vivo de un organismo.
> **Simbiótico:** Interdependiente.

Árboles y viento

Los árboles enfrían los vientos cálidos, templan vientos fríos y ralentizan los vientos, que hace que se depositen nutrientes y partículas que transportan. Cuando el viento pasa por encima de los árboles, éste genera una espiral y se genera una zona de protección inmediatamente posterior al árbol.

Árboles y agua

A través de la transpiración, los árboles liberan agua a la atmósfera. A través de la condensación, capturan agua de la atmósfera. Los árboles también absorben agua a través de sus raíces. Los bosques de las cimas de las montañas retienen humedad en el aire y en el suelo. Sus interacciones con la atmósfera causan precipitaciones. Si se cortaran los bosques de las cimas, la precipitación, las nubes y el hábitat desaparecerían. La deforestación causa la desertificación.

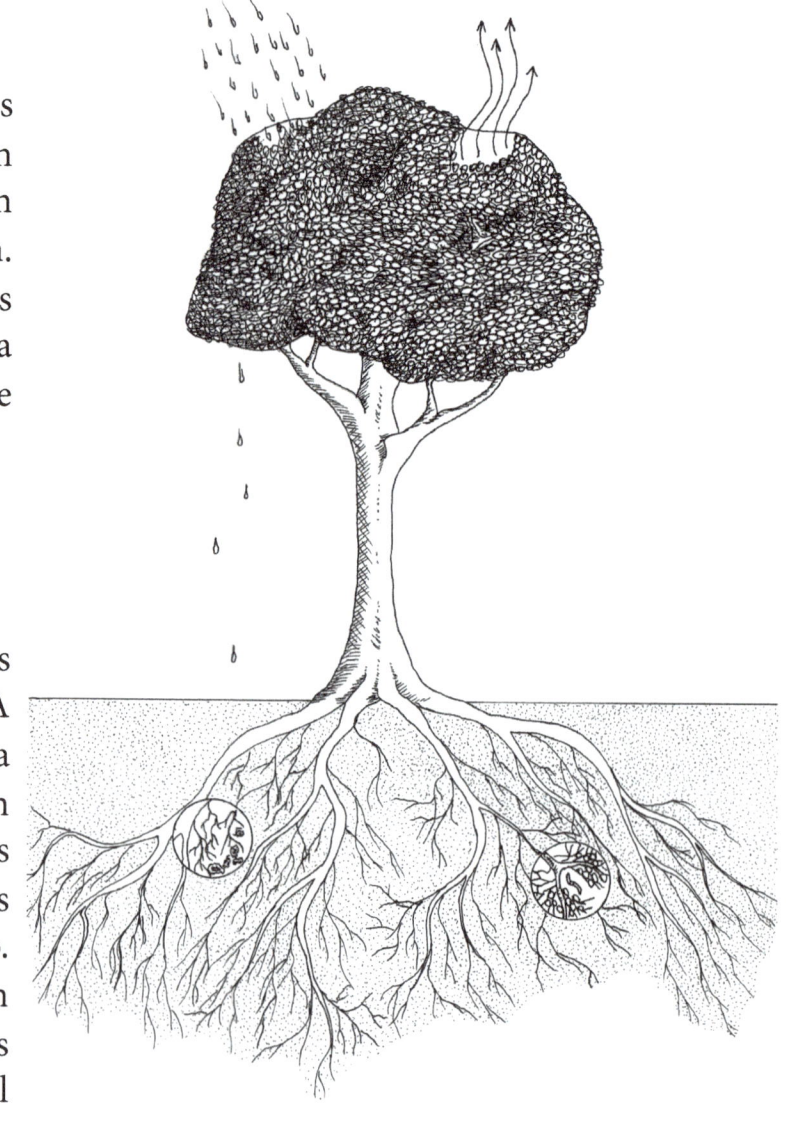

Capas de un bosque

Todas las capas de un bosque han de ser llenadas, de lo contrario, la naturaleza llenará ese nicho vacío, es lo que se llama habitualmente "mala hierba". Las capas de un bosque son: el clímax o dosel de los grandes árboles, El sotobosque ó árboles bajo la capa del dosel arbóreo ,la capa arbustiva, hierbas y hierba baja (en climas fríos mayormente), plantas tapizantes que cubren el suelo, enredaderas, plantas que se reproducen por división como el bambú y las raíces o rizosfera debajo de la superficie del suelo. En los trópicos además se pueden dar dos capas de palmeras.

Si Ud comprende el modo en el que crece un bosque, puede diseñar el suyo propio.

Malas Hierbas

Las malas hierbas son mecanismos de reparación. Aparecen para reparar la tierra. También aparecerán para llenar cualquier hueco dejado en las capas del bosque. Las plantas con raíces pivotantes profundas aparecen en suelos compactados. Las plantas con raíces someras en forma de red aparecen en suelos muy sueltos. Las hierbas que aparecen tras los incendios integran el fósforo liberado al suelo. En vez de arrancarlas como lo hace la mayoría de la gente, es mejor cortarlas y dejarlas donde están, de manera que los nutrientes que acumulan pueden ser añadidos al mantillo en forma de acolchado. Las plantas en descomposición formarán nuevo suelo y corregirán las deficiencias edáficas con la nueva capa de acolchado. Esto acelera los ciclos naturales de creación de suelo.

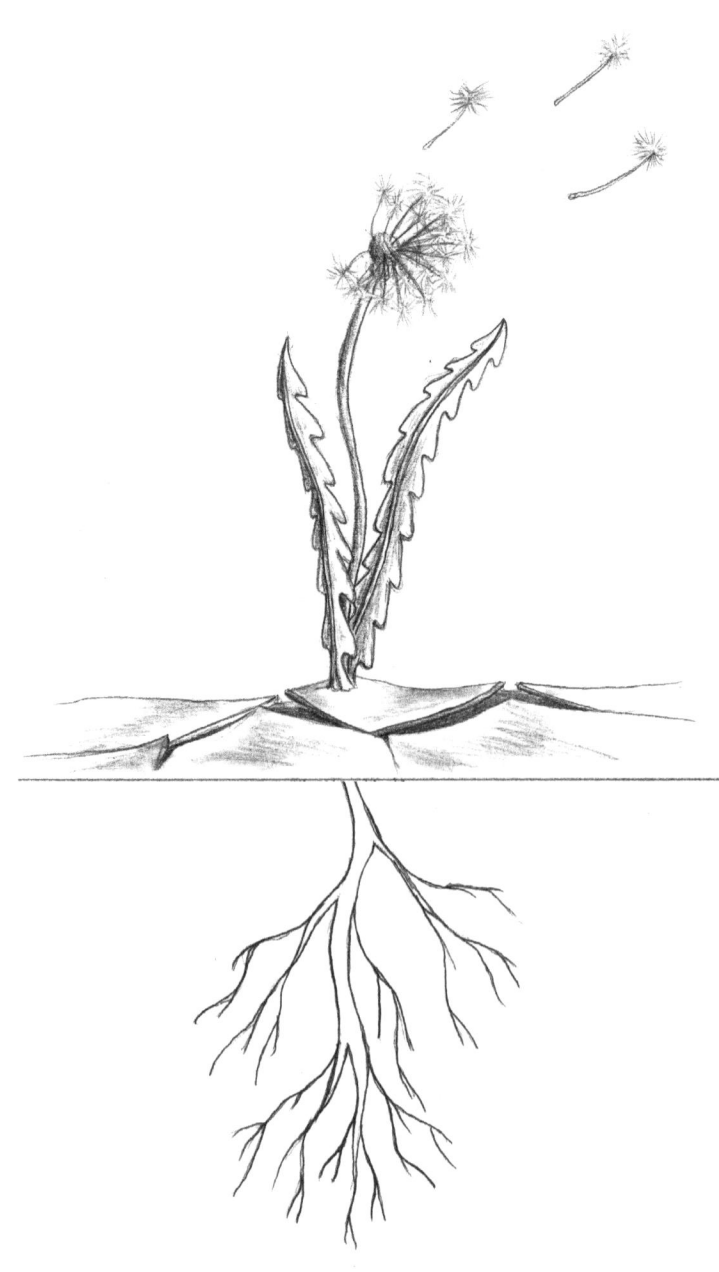

Climas

Zonas climáticas

Pese a que cada ecosistema de la tierra es único, hay similitudes que nos permiten clasificarlos y estudiarlos con más facilidad como zonas climáticas.

> **Templada:** Se extiende de la zona polar al mediterráneo, de cálida a fresca a fría.
> **Trópicos:** Zonas cálidas y húmedas situadas entre los trópicos de cáncer y el trópico de capricornio.
> **Zonas secas:** Zonas de alta evaporación localizadas en todo el mundo.
> **Polares:** Se extienden por las regiones polares, con tundra extremadamente frías sin árboles ni veranos cálidos.

Perfiles paisajísticos principales

Húmedos: Gran contenido de humedad, colinas y montañas redondeadas.
Árido: Bajo contenido en humedad, paisajes angulosos, fuertes vientos, alta evaporación, con alta concentración de minerales tanto en el suelo como en el aire.

Perfiles Paisajísticos Menores

Volcanes: Suelos alcalinos, pendientes pronunciadas, llanuras radiales fértiles.
Isla alta: Mitad seca, mitad húmeda, con una zona de efecto pantalla que bloquea la lluvia.
Isla baja: Lentejón de agua dulce bajo su superficie, fuertes vientos.
Humedales: Nivel freático alto, zona difícil para la producción de vegetales.
Llanuras: Fuertes vientos, sin potencial para irrigación por gravedad.
Estuarios: Corrientes mareales, acuicultura marina, rico en nutrientes.
Costas: Alcalina, vientos salobres, suelos muy filtrantes, defecto de nutrientes en el suelo

Microclimas

Los microclimas son formados cuando una zona obtiene más o menos energía que sus alrededores. Más sol implica condiciones más secas y cálidas durante la estación fría. Más agua implica mayor fertilidad en la estación seca. Los cortavientos ofrecen resguardo para las plantas tiernas. Los microclimas generan diversidad e incrementan las posibilidades de una zona. Pueden ser creados con virtualmente cualquier cosa y se encuentran casi por todos lados.

Los microclimas en climas fríos a menudo atrapan calor para proteger cultivos sensibles. En el ejemplo anterior, un estanque es usado para reflejar el sol, una gran roca semienterrada es usada como masa térmica tras el árbol, un cortavientos de árboles y plantas bloquean los vientos frescos y una cama de plantas rústicas autóctonas protegen nuestro valioso frutal.

Capítulo III.

Diseño en Permacultura

Observación

La observación es posiblemente la mejor herramienta de la que disponemos para desbloquear el potencial de los sistemas naturales. Aunque nuestras capacidades de observación sean limitadas, existen herramientas y técnicas que mejorarán nuestras capacidades. A medida que ganemos experiencia, más fácil nos será leer un paisaje.

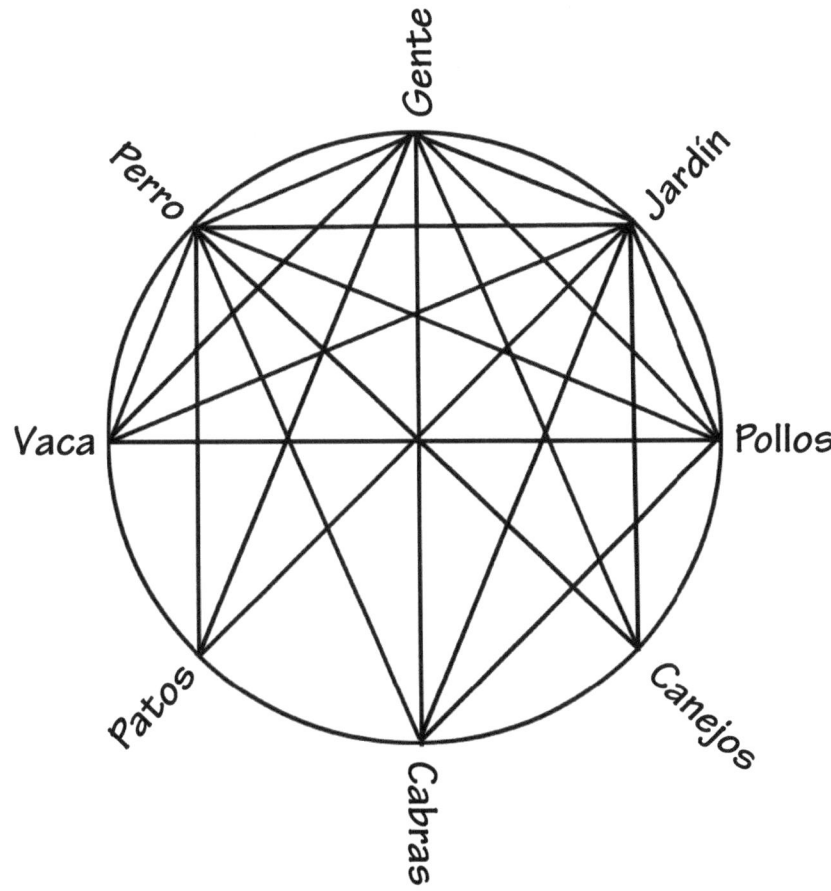

Cada elemento tiene múltiples funciones y apoyos

En la naturaleza cada animal, planta, microorganismo y proceso tienen diferentes funciones y apoyos. Cuantas más conexiones (entradas y salidas) entre elementos haya en un sistema, más sostenible será.

Por ejemplo, las gallinas consumen una gran variedad de alimentos, por lo que pueden sobrevivir un una gran abanico de climas y condiciones. Las gallinas proveen de huevos, carne, plumas, huesos, control de plagas, excrementos, escarbar (que es como una labranza ligera), polluelos, y más. Nuestra capacidad imaginativa y de observación son nuestros límites.

Gravedad

La gravedad es una fuerza constante que influye en todo. Bien aprovechada, posee una gran cantidad de energía potencial. Reconocer cómo la gravedad afecta a una zona puede dar pie a extender los patrones existentes o redireccionarlos. Usar la gravedad como fuente de energía puede generar abundante electricidad, almacenamiento de agua, **acuicultura** y cualquier cosa que puedas crear usando esos **productos**.

> **Acuicultura:** Sistema cultivo de plantas y animales acuáticos.
> **Productos:** El resultado de un proceso.

Efecto de la altitud

La altitud afecta al clima. Es equivalente a alejarnos del ecuador hacia zonas más frías. Este efecto es importante a tener en cuenta cuando observemos un lugar a gran altitud.

"Por cada 100 metros (328 pies) de altura que se asciende equivale a un grado de latitud que nos aleja del ecuador."
- Geoff Lawton

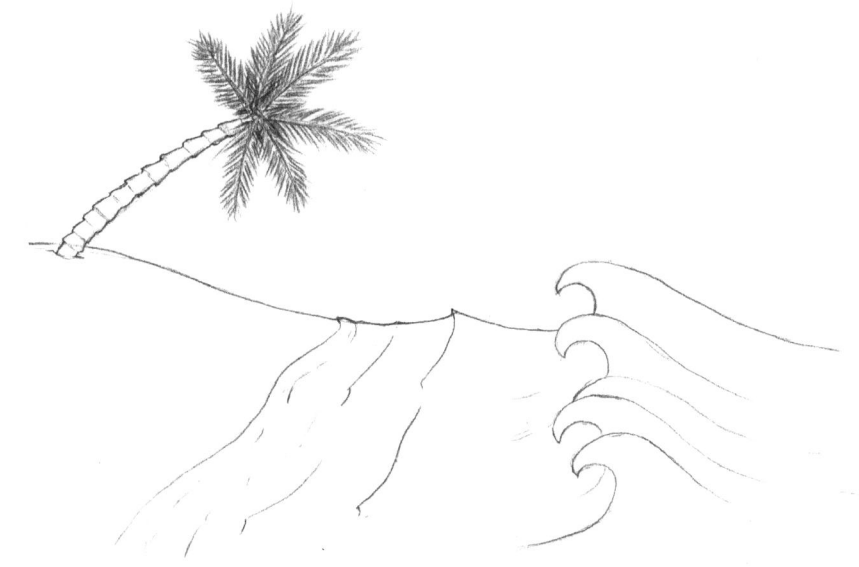

Efecto Marítimo

Las masas de agua tienen la habilidad de moderar el clima alrededor de éstas. Las grandes masas de agua tienen el mismo efecto pero a mayor escala. El efecto marítimo genera inviernos y veranos suaves. Frecuentemente es genial para cultivar ciertos alimentos (protegidos de los vientos cargados de salitre).

Efecto Continental

Es el efecto contrario al marítimo, cuanto más lejos se esté de una masa grade de agua, más cálido el verano y más frío será el invierno.

Zona de sombra pluvial (Región sin lluvias)

Las nubes al acercarse a una montaña precipitan su agua por el lado por el que se aproxima la nube, creando una zona más húmeda y la zona opuesta a las nubes más seca. Esto es claramente observable en las cordilleras costeras. Sabiendo la dirección de los vientos dominantes y las tormentas nos ayudará a predecir dónde caerá la mayor parte de la lluvia

Climas Análogos

Con la tecnología actual podemos encontrar climas similares alrededor del planeta que podemos estudiar y ver qué sucede de manera natural en esa parte del mundo. Las plantas y animales que se dan en un clima análogo al nuestro seguramente se darán bien en nuestro clima. Las uvas crecen bien tanto en Italia como en California porque ambas zonas poseen climas mediterráneos.

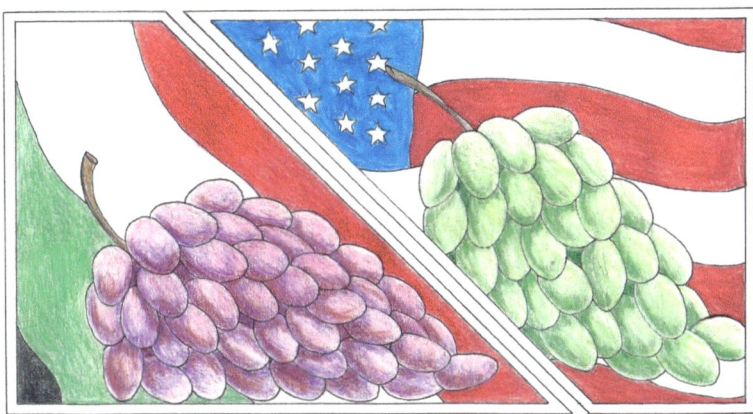

La uva se da bien tanto en California como en Italia porque ambos tienen clima mediterráneo.

Saber en el clima en el que vivimos nos permite fácilmente compararnos con otras zonas, pero encontrar el clima análogo exacto requiere de investigación. Una manera de comenzar es buscar en nuestra latitud áreas con la misma altitud y distancia al océano. Esto reduce el área de rastreo y ayuda concentrarnos en la búsqueda.

Patrones

Los sistemas naturales son en esencia una serie de **patrones interrelacionados** que se solapan. Nosotros aprendemos y nos comunicamos mediante patrones. Los lenguajes son básicamente patrones. Los paisajes tienen patrones que se repiten. Nosotros aprendemos con patrones y podemos aprender los patrones de la naturaleza mediante su observación y estudio. Los patrones de su zona están ahí fuera esperando a que los reconozca. Las personas que han vivido en una zona por mucho tiempo conocen los patrones cíclicos de la zona y le pueden informar sobre ellos. Estos pueden ser grandes tormentas o inundaciones, los veranos más calurosos y secos, o los inviernos más gélidos. Todo depende del área donde esté y sus condiciones.

> **Interrelacionado:** Que está correspondido entre personas, cosas o fenómenos.
> **Patrones:** Un proceso regular y reconocible que se repite.

Trayectoria del sol y orientación

El camino que describe el sol por la bóveda celeste a diario cambia dependiendo de la época del año en que estemos debido a que la inclinación de la tierra varía a lo largo del año. El sol es la principal fuente de energía del planeta. Si nuestros huertos están orientados incorrectamente pueden tener demasiada exposición al sol o por el contrario, insuficiente. Una mala orientación genera una casa que no es agradable en la que vivir y un huerto poco productivo.

Conocer la altura a la que está el sol en los solsticios y equinoccios es vital para un diseño correcto.

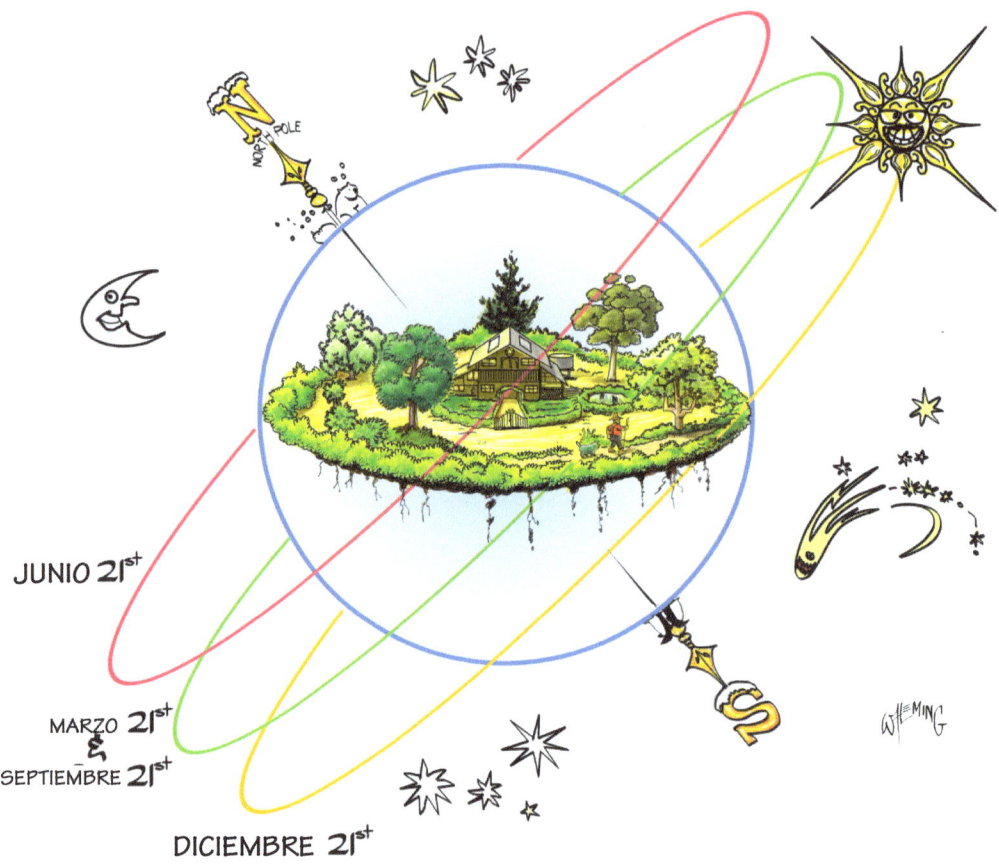

El solsticio es la trayectoria más extrema del sol. En verano es el día más largo y en invierno es el día más corto.

En el hemisferio norte el solsticio de verano discurre durante el 20, 21 y 22 de junio. En el hemisferio sur estas fechas coinciden con el solsticio de invierno.

En el hemisferio sur el solsticio de verano discurre durante el 20, 21 y 22 de diciembre.

En el hemisferio norte estas fechas coinciden con el solsticio de invierno.

Hacia el 21 de marzo y el 21 de septiembre se dan los equinoccios, cuando el día y la noche tienen una duración idéntica.

La inclinación de una zona determina lo que se puede plantar. Si el terreno es muy inclinado, la único que se puede hacer es plantar ciertos árboles y plantas que combatan la erosión. Las huertas que cultivan plantas anuales suelen estar en los suelos más llanos. El suelo llano absorbe y retiene agua mucho mejor que las laderas de las montañas que tienden a erosionarse. Cuanto más llano o cóncavo sea un terreno, mayor su capacidad de absorción de agua.

A menudo es difícil calcular el avance, pero si se coloca un palo perfectamente vertical en el suelo (usen un nivel para que quede bien) y otro palo se coloca exactamente horizontal pero tocando con un extremo la ladera, entonces se obtiene la elevación (vertical) sobre el avance (horizontal) Si los dos palos forman un ángulo de 90 grados puedes atarlos y entonces medir la longitud desde el suelo hasta donde se cruzan: la elevación y el avance. Esto proporcionará un porcentaje de pendiente aproximado.

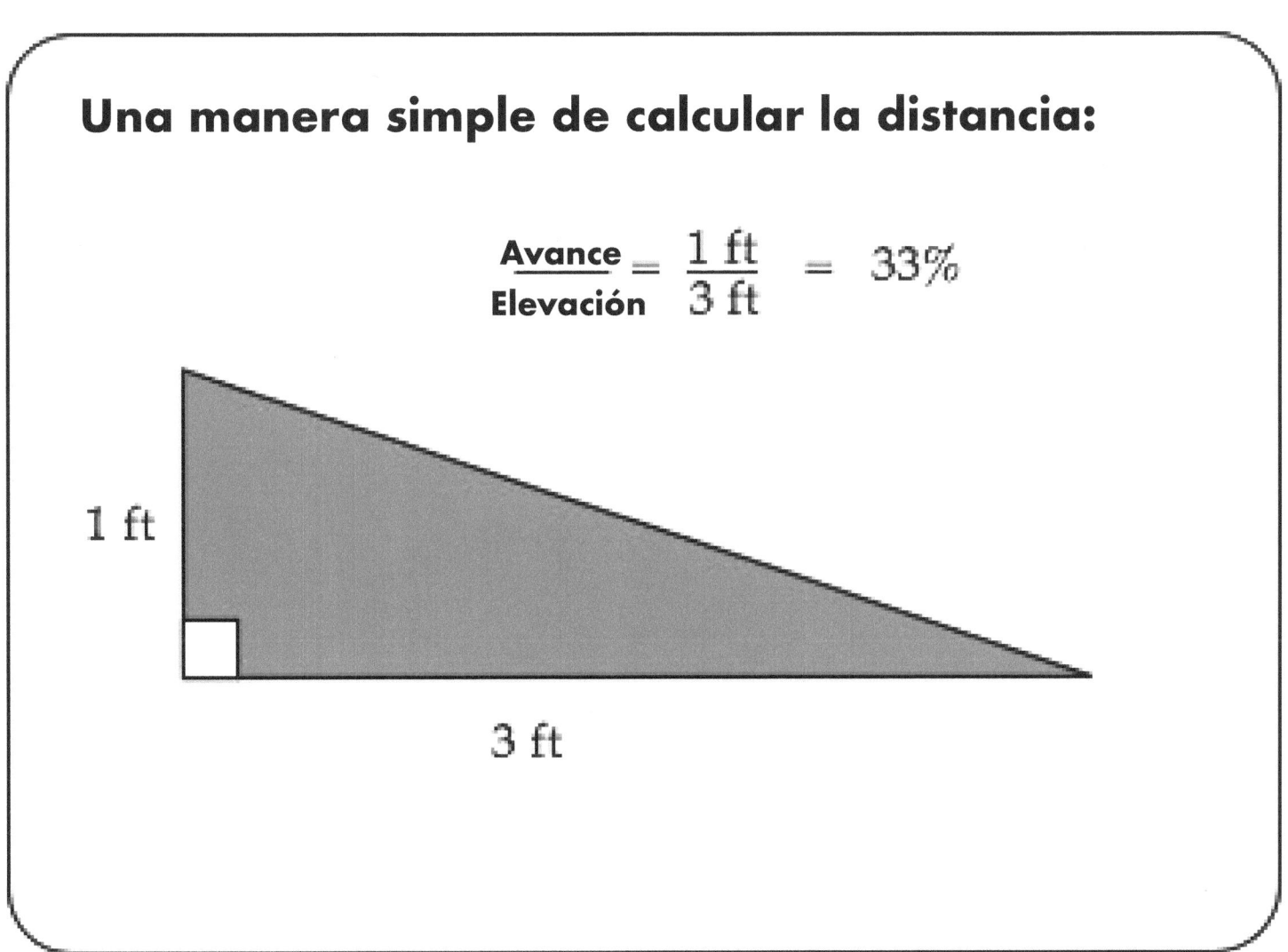

Una manera simple de calcular la distancia:

$$\frac{\text{Avance}}{\text{Elevación}} = \frac{1 \text{ ft}}{3 \text{ ft}} = 33\%$$

Efecto Borde

El efecto borde se da cuando dos medios diferentes entran en contacto. Las especies de ambos medios se combinan con las especies de borde, creando una zona con el triple de biodiversidad de la que se daría en estos medios por separado.

Por ejemplo, en las zonas litorales tienen vida marina, costera y terrestre en un único lugar, haciéndola más fértil que el mayor océano o zona continental. El efecto borde puede ser creado mediante swales, setos, vallas y otros métodos.

Curvas de Nivel

Una curva de nivel es una línea que está a una altitud constante, de modo que cualquier punto a lo largo de esa línea esta llano. Esta herramienta es muy útil a la hora de diseñar. El agua en superficies llanas disminuye su velocidad hasta pararse por completo y puede ser filtrada en superficies **porosas**. Las curvas de nivel tienen múltiples aplicaciones. Poder identificar las curvas de nivel más largas, las más altas o más bajas es especialmente útil para nuestro trabajo de diseño.

Poroso: Que permite que el aire y el agua pasen a través.

Diseño en Permacultura

Rendimiento

Rendimiento es la cantidad de producto que produce un sistema. La permacultura no se centra en la productividad de un cultivo específico por área. Envez de ello, todas las producciones por área son sumadas, ya que los policultivos ocupan el mismo espacio, lo que viene a llamarse un acoplamiento (stacking). El resultado final es que para una misma área, con el sistema de acoplamiento se obtiene más rendimiento de lo que un monocultivo o un solo tipo de animal pudiera generar. Un buen ejemplo de esto es la **asociación de cultivos** nativa americana llamada "Las Tres Hermanas", en las que el maíz, la calabaza y las judías son plantadas juntas en la misma área.

La Naturaleza distribuye a lo largo del año una serie de cosechas que alimentan los diferentes nichos y ciclos. Esta disponibilidad de alimento a lo largo del año es sólo posible si las plantas son diversas y sobre todo si son **perennes**.

Las huertas de plantas **anuales** son una adición a la producción básica que representan las plantas perennes. Tener variedades tempranas, tardías, etc. alarga la cosecha y la producción, permitiendo que la cosecha sea más larga.

*Este manzano tiene **injertados** variedades tempranas, tardías y medias de manzanas.*

> **Policultivo:** Una mezcla de numerosos cultivos o animales en una misma área.
> **Acoplamiento:** Tener múltiples elementos ocupando el mismo espacio y/o tiempo.
> **Asociaciones de plantas:** Un grupo de plantas beneficiosa **perenne:** Una planta que vive por muchas temporadas **anual:** Una planta que crece de simiente cada año.
> **Injertado:** Cuando una sección de una planta es insertada en otra planta.

Diversidad, Estabilidad y Sostenibilidad

La dispersión de la producción es una extensión deliberada de energía a través del tiempo. Aumenta la diversidad y la estabilidad en el sistema. Crea sostenibilidad y a medid que adquiere fuerza se hace más resistente.

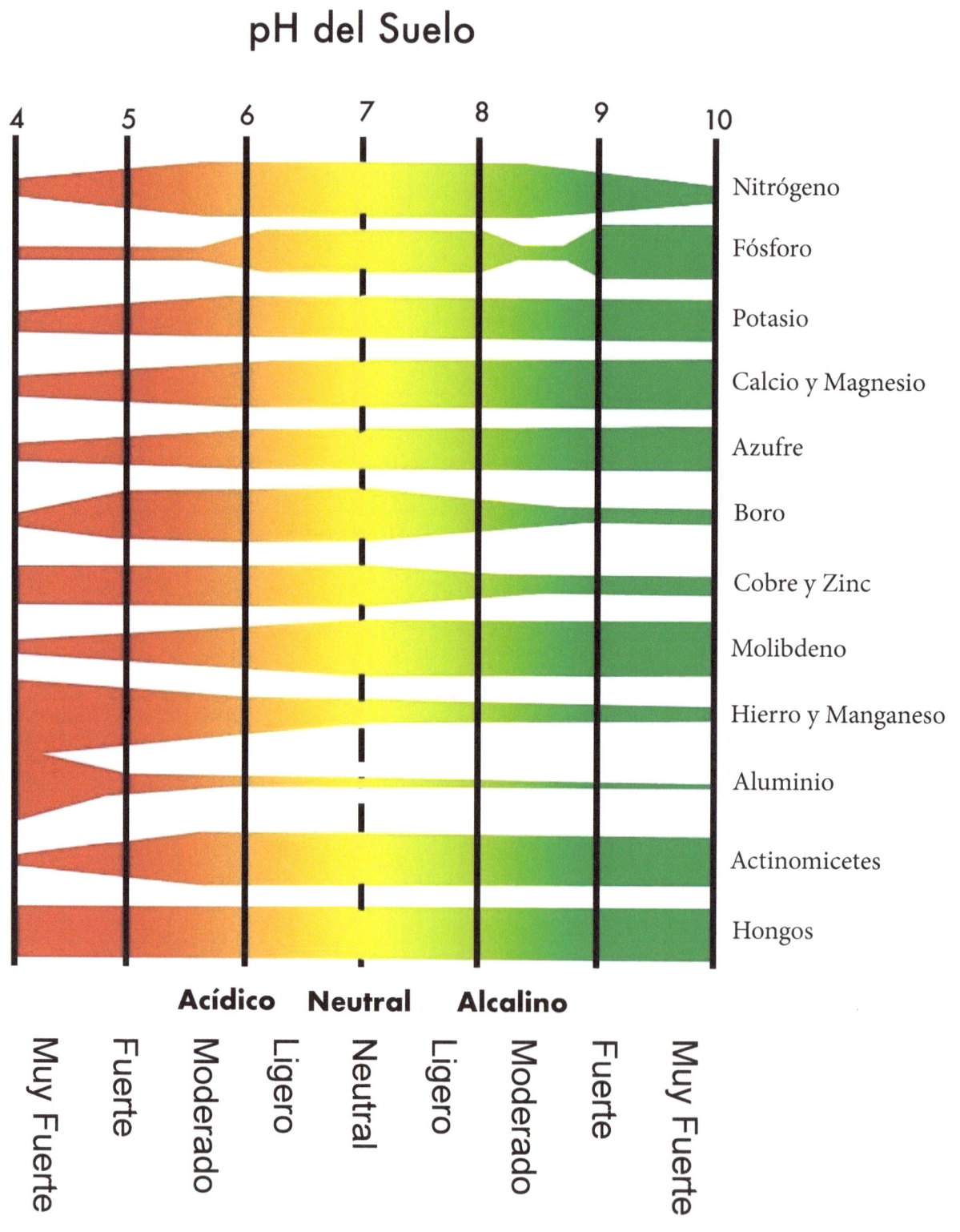

El pH es una medida que va desde lo extremadamente ácido (pH 1) a lo extremadamente alcalino (pH 14, aunque en nuestra tabla solo necesita llegar hasta 10) El pH mide la concentración de iones de Hidrógeno (H). Cada número en la escala es 10 veces mayor que el anterior, el pH es una escala de base logarítmica. El 7 es neutro, ni ácido ni alcalino.

La mayoría de los jardineros buscan un pH de 6.5-7, pero algunas plantas prefieren un pH del suelo más alcalino o más ácido. Las plantas prefieren el tipo de suelo en el que se originaron en la naturaleza. Analizar el pH del suelo en tantos lugares como sea posible ayuda al diseñador a tomar las decisiones más **informadas** y **beneficiosas** en su diseño. Ello influencia las **enmiendas de suelo** a realizar, el tipo de plantas a usar y su localización.

Informado: Saber o comprender algo
Beneficioso: Tener un efecto positivo
Enmiendas de Suelo: substancias que al añadirlas al suelo lo mejoran

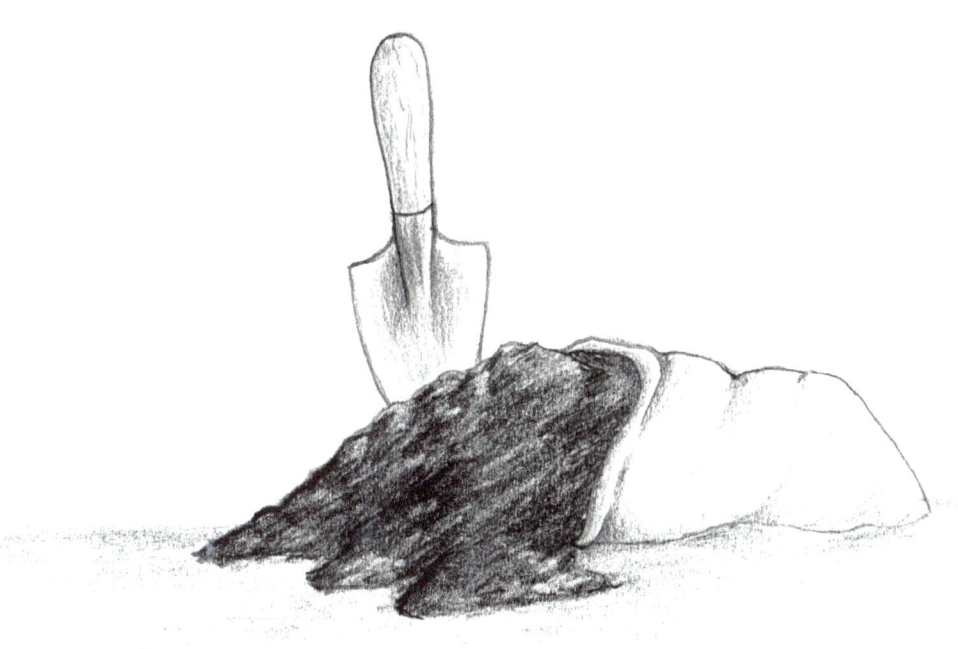

Planificación

Diseño Funcional

El Diseño Funcional es aquel diseño sustentable que genera excedentes. El Diseño Sustentable conecta tantos elementos le sea posible para atrapar la mayor energía posible en el lugar. Por otro lado, los diseños no funcionales no son sostenibles, requieren de costosas aportaciones y con el tiempo tienden a estropearse.

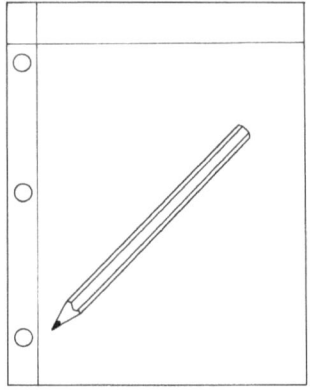

Como diseñadores debemos tener como objetivo el conectar cada ingreso y cada salida del sistema, hacer que circulen los nutrientes y la energía a través del sistema cuantas veces sea posible e incluir todos los elementos vivos posibles para crear diversidad, crear estabilidad y llegar a ser sostenibles.

Leyendo el paisaje

Cada paisaje tiene una historia que contar. Desde la manera que los árboles se inclinan debido a la influencia de los vientos dominantes a las líneas de inundación alrededor de un arroyo intermitente, todo ello nos cuenta la historia de ese lugar. Con tiempo y práctica cualquiera puede aprender a saber leer un paisaje. Usando herramientas tales como mapas, observación in situ e investigando los datos históricos del lugar estaremos preparados para poder ver lo que nos depara el paisaje.

Mapas topográficos

Los mapas topográficos están compuestos de curvas de nivel que representan el relieve del paisaje. No son totalmente precisas. Únicamente mediante la observación directa se puede determinar lo que puede funcionar en un paisaje concreto, pero los mapas topográficos hacen que el trabajo sea más fácil.

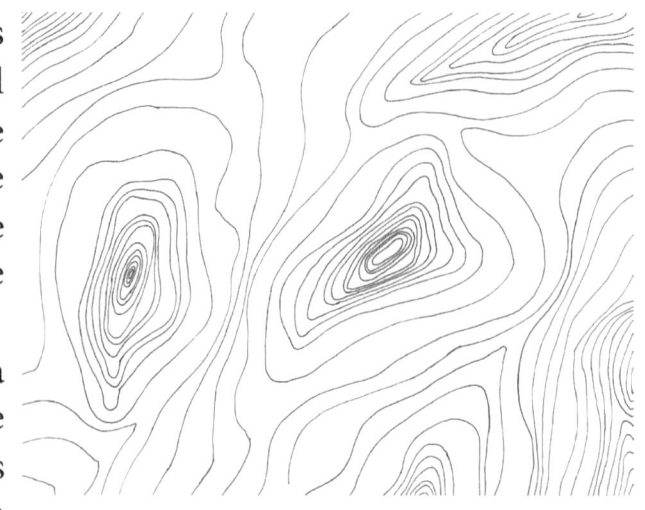

Un mapa topográfico puede ayudar a encontrar las posibles localizaciones de estanques o casas, así como mostrar aquellas zonas que debido a su gran pendiente sólo sea posible hacer labores de control de la erosión.

Diseño en Permacultura 42

KeyPoint (Punto Clave)

El KeyPoint se suele hallar en paisajes húmedos en zonas de colinas y montañas redondeadas. Es el punto en el que la pendiente pasa de ser convexa a cóncava. Es el punto a mayor altitud en el que se puede almacenar agua.

Keyline (Línea Clave)

Un Keyline es la curva de nivel que se extiende en ambas direcciones desde el KeyPoint. Capta la mayor cantidad de agua posible y tiene el mayor potencial para ser usado en diseños regenerativos. Estos Keylines pueden ser Swales que a la vez absorben y derivan el agua al Keypoint cuando hay inundaciones, o pueden no ser absorbente y únicamente derivar el. Depende de su situación; En el desierto se necesita una gran cuenca para irrigar una superficie pequeña, mientras que en los trópicos húmedos no habría tal necesidad.

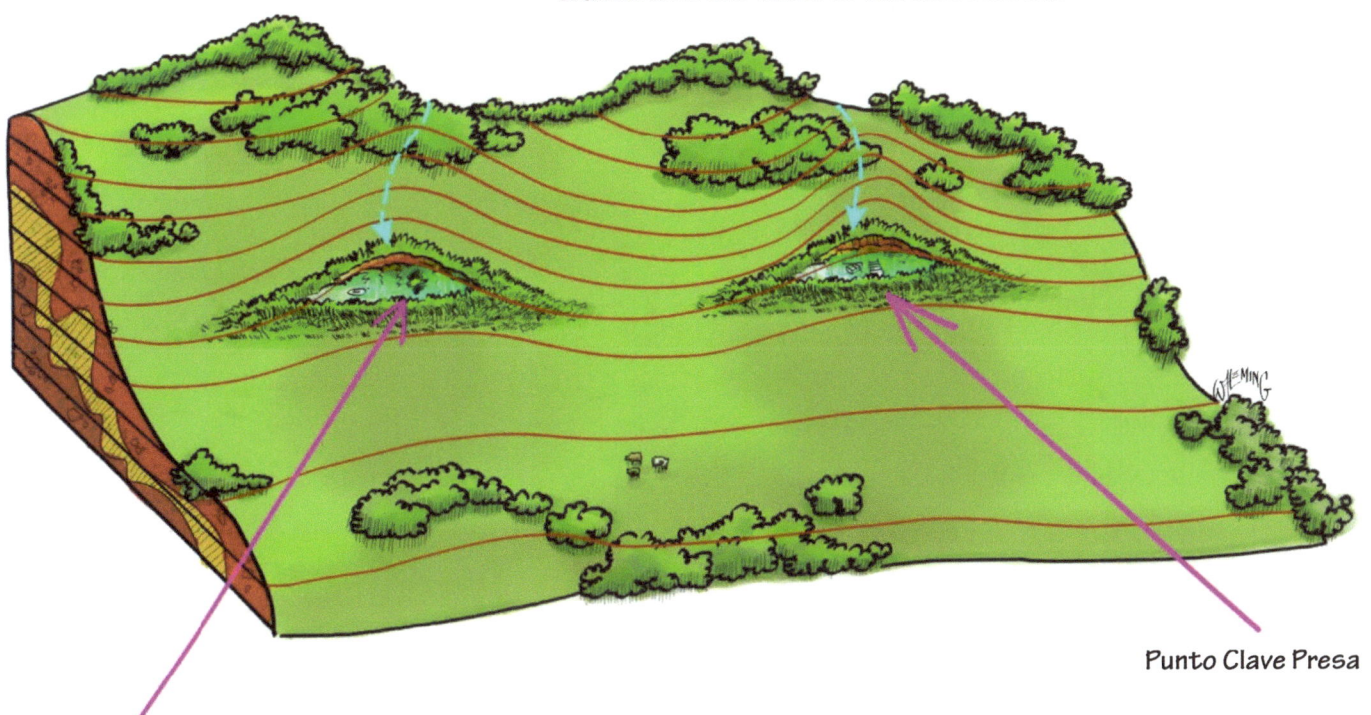

Punto Clave Presa

Punto Clave Presa

Calculando la captación de agua (Cuenca)

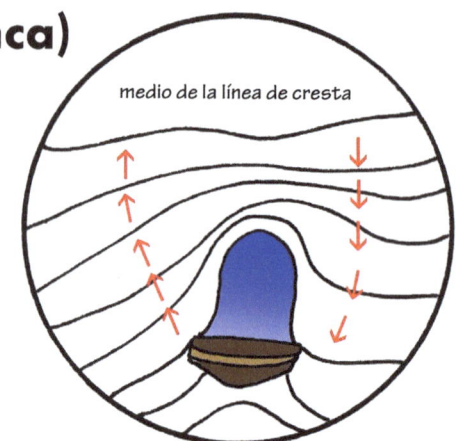

Usando un mapa de curvas de nivel y comenzando desde el estanque, trazar un ángulo recto (90º) a nivel hasta que la cresta es alcanzada por ambos lados. El área delineada es la captación de agua. En su zona habrá un registro histórico de las precipitaciones máximas de la zona. Multiplicando el área de la zona de captación de agua por la cantidad de agua máxima caída se obtiene el flujo máximo de agua. Esta información determina el tamaño del estanque, la pared de la presa y el nivel del rebosadero. Los rebosaderos no son siempre necesarios a la hora de hacer swales (zanjas de infiltración) pero sí son muy recomendables. Los rebosaderos están mas bajos que la parte superior de la presa, de tal manera que el agua nunca llega a sobrepasar el muro de la presa. Esto protege la integridad del muro de la presa.

> Área de captación de agua
> x
> precipitación máxima en 24h
> =
> Flujo máximo de agua.

Análisis de elementos

Cada elemento tiene necesidades, productos, comportamientos y características intrínsecas. Plasmarlo en el mapa contribuye a que el diseñador vea todas las posibilidades, fortalezas y debilidades de cada elemento que considere. Es la manera en la que inicialmente cada planta y animal son seleccionados para cada sistema. La experimentación es por supuesto bienvenida, pero una planificación adecuada garantiza rendimientos y el retorno de la inversión.

Productos y comportamientos
Huevos, Volar, Pelear Excremento
Metano Escarbar Plumas Triturar
Buscar Comida, Dióxido de
Carbono

Características Intrínsecas
Raza, Color, Comportamiento Especifico de la Raza, Tolerancia al Clima

Necesidades
Cobijo Arenilla Agua Aire Fresco
Comida Otras Gallinas

Planificación de sectores

La planificación de sectores es un método para minimizar la cantidad de energía empleada en el mantenimiento del lugar. Mediante la organización de los diferentes elementos en zonas, el diseñador puede poner elementos que demandan más atención más cerca del hogar, acortando las distancias anuales empleadas en ir a dicho elemento. Por ejemplo, la huerta está cerca del hogar (zona 1) mientras que el bosque para obtener leña, donde se va muy de cuando en cuando está lejos de casa (zona 4).

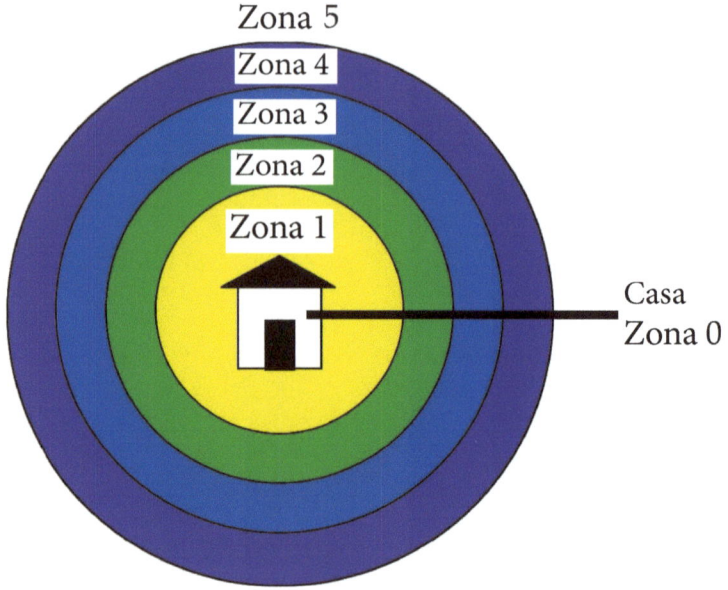

Zona 1: Zonas adyacentes a la casa, huertas,, huertos acolchados, zonas de máximo **mantenimiento** requerido

Zona 2: Cultivo principal, frutales, mantenimientos rutinarios, pequeños animales, **forraje** animal,
  plantaciones de alta **densidad**, densamente acolchados.

Zona 3: Árboles resistentes, especies nativas, forraje animal, animales **herbívoros** y **ramoneadores**, se conectan fácilmente a las zonas 1 y 2, cortavientos, **cortafuegos**, **acolchado grueso**, bosques comestibles, zonas de mantenimiento regular pero no intensivo, centrado en animales, recolección y acolchado.

Zona 4: Madera, leña, bosques comestibles, bosques de recolección, mantenimiento mínimo.

Zona 5: Naturaleza salvaje, sin mantenimiento, caza, regeneración, madera.

Mantenimiento: Trabajo empleado en mantener un sistema operativo
Forraje: Comida que los animales pueden obtener de forma autónoma.
Denso: Cerca unos de otros, espeso.
Pastar: Comer hierba y plantas herbáceas.
Ramonear; Comer hojas, ramas, corteza y otras vegetaciones por encima del nivel del suelo.
Cortafuego: Un obstáculo al fuego en una sección abierta del bosque.
Acolchado Grueso: Secciones largas de follaje que se cortan y depositan en el suelo sin astillarlas sin mayor procesado.

47 | El estudiante de Permacultura

Asociaciones aleatorias

Las asociaciones aleatorias son un modo de generar ideas. Consisten en un listado de posibles características y posibles interacciones, para luego conectar arbitrariamente dos elementos. Aunque de manera aleatoria, emula la manera en que la naturaleza genera diversidad y puede crear innovaciones sorprendentes.

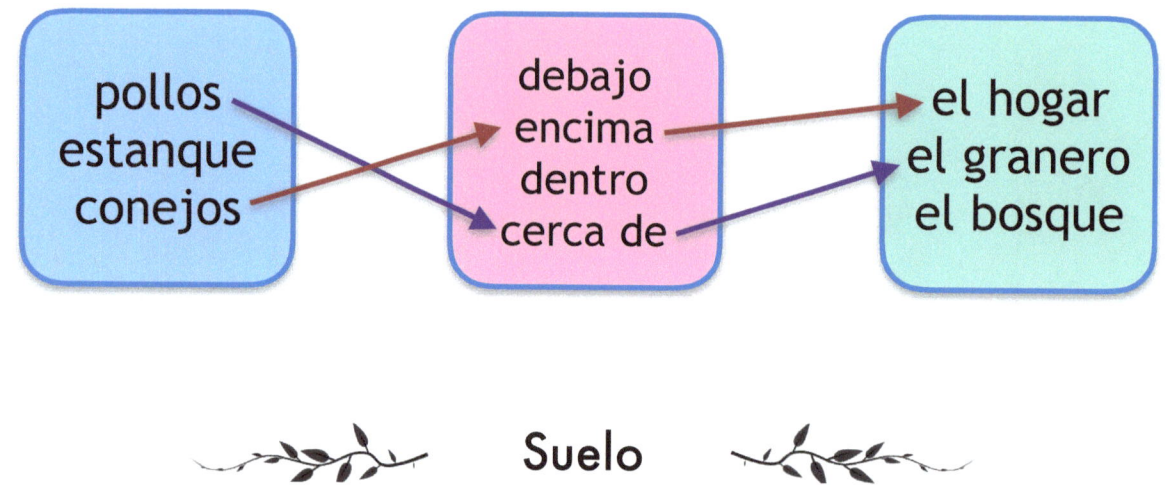

Suelo

El test de la jarra

El test de la jarra de tierra es una manera simple y fácil de descubrir las proporciones de arena, arcilla, limo y materia orgánica de ese suelo.

> (m de arcilla dividida por los cm de suelo sedimentado)x 100= El % de Arcilla
> *Se puede substituir cualquiera de los componentes del suelo para obtener su %*

Si se tiene una muestra de suelo ya asentado, donde hay 1 cm de arcilla, 1 cm de limo, 1.5 de arena y 5 cm de materia orgánica, entonces ese suelo tiene un 25% de arcilla, 25% de limo, 37.5 de arena y 12.5% de materia orgánica.

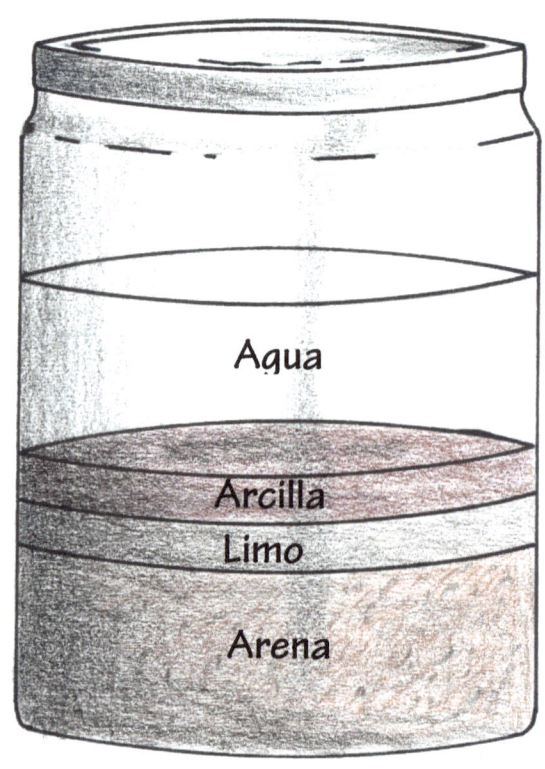

Diseño en Permacultura 48

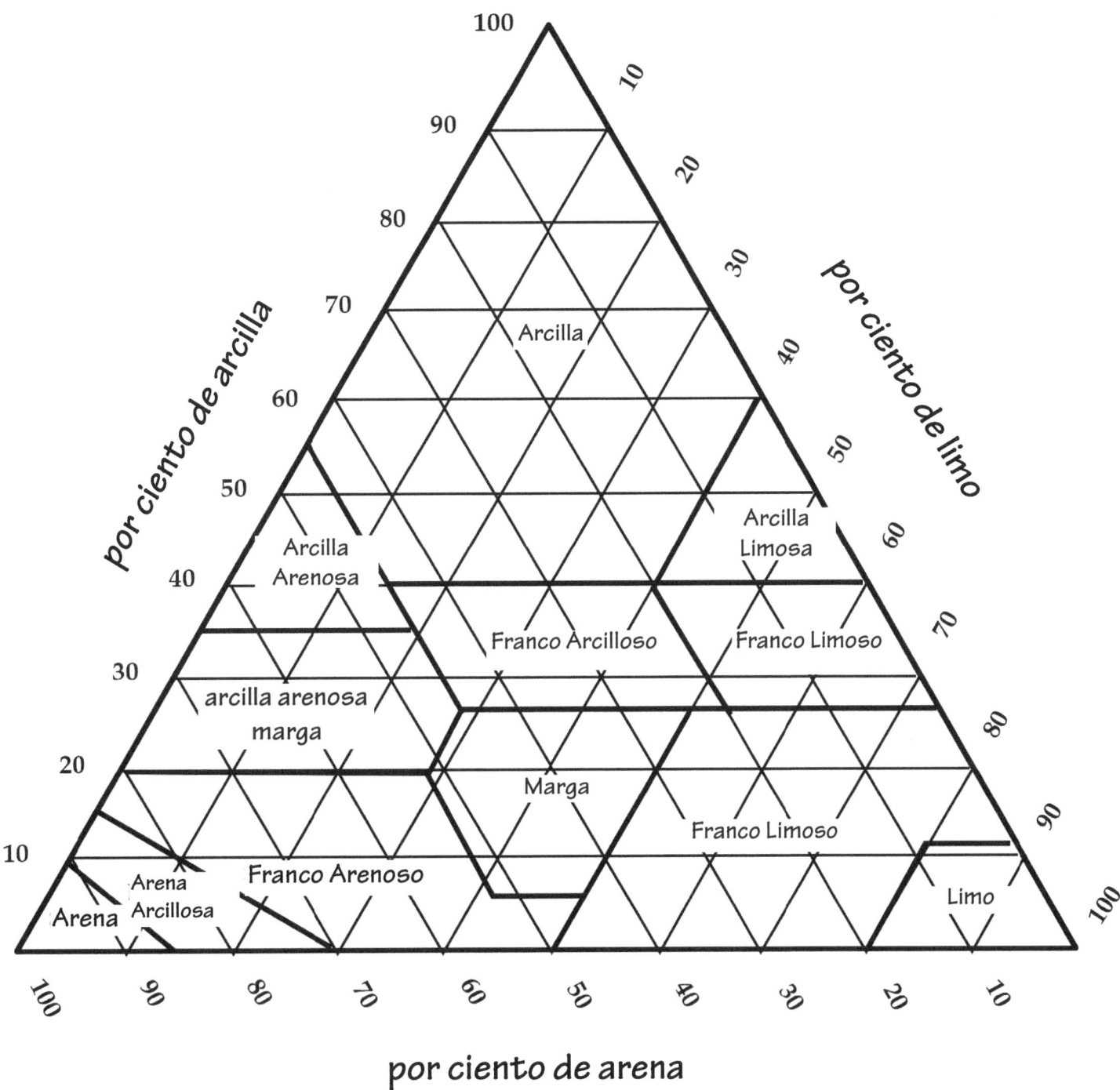

Una vez que se han obtenido los porcentajes se puede localizar el tipo de suelo en el gráfico. Sabiendo el tipo de suelo con el que se trabaja se puede saber qué tipo de plantas irán bien en él y qué tipo de enmiendas necesita. En nuestro ejemplo anterior el suelo es marga arcillosa.

Suelo para tiestos para semillero

Recuerde que muchas semillas para pode **germinar** necesitan un proceso de **escarificación** o **estratificación en frío**.

Sustrato para tiesto
50% **arena de río**
50% compost **tamizado**

Tropical
40% arena de río
60% compost tamizado

Semillas diminutas
90% de arena
10% compost tamizado

Estratificación en Frío: Pre tratamiento de las semillas que emula condiciones invernales, frío y humedad, por un periodo de tiempo.

Escarificación: Tratamiento en el que la protección externa de la semilla es rota para que la semilla esté en contacto con el agua y el aire. Se puede cortar o arañar. El agua caliente y el fuego pueden también permitir el contacto de la semilla con el aire y el fuego.

Germinar: Comenzar a crecer.

Arena de Río Partículas grandes de arena que se encuentran en los recodos de los ríos que al apretarse con la mano permite que el agua discurra fácilmente a través de ésta.

Tamizado: Pasado por una criba fina de modo que sólo pueden pasar partículas finas.

Esquejes de raíz

Los esquejes de raíz necesitan un medio sombreado y húmedo pero no muy mojado o se pudrirán ó no buscarán el agua que necesitan, no dando lugar a crecimientos apropiados. La construcción de un pequeño invernadero para los esquejes de raíz es fácil y económico. Cualquier cosa que permita entrar la luz y atrape humedad servirá. Algunas personas usan bolsas de plástico sobre sus tiestos. El sustrato ha de ser 100% arena de río.

Las especies de maderas blandas y semiblandas pueden tardar 3-4 semanas en desarrollar raíces. Las especies de madera noble pueden emplear desde meses hasta un año para desarrollar raíces. Se puede proceder al trasplante una vez que las raíces estén sanas y tengan 1-2 cm o una pulgada. Riéguense únicamente con jugo de lombriz o té de compost.

Diseño en Permacultura 50

Bolas de arcilla con semillas

Masanobu Fukuoka redescubrió esta antigua técnica de sembrado de semillas encapsuladas en arcilla y estiércol o compost como una parte de sus técnicas agrarias de No-Hacer-Nada. Mezclar los ingredientes concienzudamente y darle forma de bolas Dejar que se sequen al sol.

> **Receta**
> 1 parte de semillas
> 3 partes de compost ó estiércol.
> 5 partes de arcilla
> 1 a 2 partes de agua.

Acolchado en capas

El acolchado en capas es un método de creación de suelo rápido, en el que cartón, periódicos, estiércol y acolchado son puestos en capas. Se emula el proceso de creación de suelo del bosque. La naturaleza crea una capa gruesa de acolchado en el bosque. Dicha capa tiene el potencial de llegar a ser un nuevo bosque o pradera.

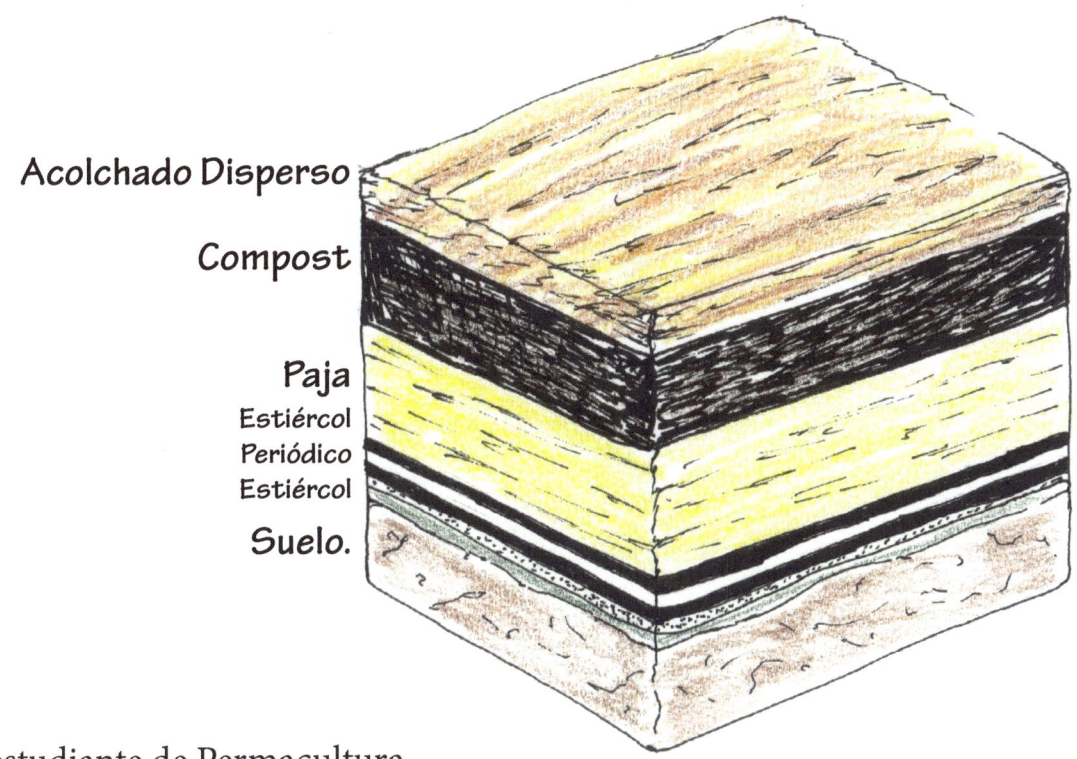

El acolchado por capas crea una capa fúngica con la fibra del cartón, papel o periódicos en descomposición. El estiércol provee de bacterias, capacidad de retener agua y nitrógeno (N). La capa de paja/acolchado genera suelos más frescos, retiene humedad y aire y añade carbón (C) al suelo. Todos estos ingredientes añaden más de lo que está listado, pero representan las partes más activas del proceso.

Remover el suelo que se va a acolchar con un rastrillo, azada o cualquier cosa que perturbe el suelo lo suficiente para que sea permeable a la humedad y entonces añadir en capas desde la base hasta la cima:

- Enmiendas de suelo (en caso de necesitarlas)
- 2.5 cm (1 pulgada) de estiércol.
- 1-2 cm (1/4-1/2 pulgada) de periódico o cartón
- 2.5 - 5 cm (1-2 pulgadas) de estiércol, preferiblemente libre de semillas.
- 15-20 cm (6-10 pulgadas) de acolchado orgánico, tales como paja u otros acolchados de plantas ricas en carbón e
- incluso acolchado de árboles no alelopáticos.
- 2.5-5cm (1-2 pulgadas) compost.

Esparcir acolchado libre de semillas por encima, de modo que prive a las semillas de sol. Sujete el acolchado en su sitio mientras se riega y protéjalo de los depredadores.

Con el paso del tiempo se necesitará añadir más acolchado, pero si las plantas pueden proveer de acolchado, esto crea menor trabajo y un mejor diseño. Los arbustos leguminosos de rebrote rápido son ideales para esta labor al ser acumuladores de minerales. La consuelda, una herbácea perenne, es un acumulador de minerales de raíces profundas. Plantarla alrededor de los frutales es una manera de crear fácilmente acolchado y una fruta más sana.

Diseño en Permacultura

Compost

El Compost es una sustancia oscura, rica, pegajosa, de color marrón-negruzca agregadora de materia orgánica compuesta de cadenas largas de carbón (C), capaz de enlazar con diversidad de elementos en sus cadenas. Es materia orgánica rica en vida, descompuesta hasta su estado más básico. Compostar es la acción de romper materia orgánica, dejándola reducida a moléculas de carbono de cadena larga. A este proceso se le llama **descomposición.**

El compost es extremadamente útil. Se puede poner en golpes en el terreno y sembrar semillas en él, depositarlo alrededor de plantas ya establecidas, como capa superior en la huerta y hacer té de compost de él. Sus moléculas de de cadena larga retienen una gran selección de minerales y nutrientes que las plantas pueden usar si así los necesitan. Las plantas sanas son alimentos sanos tanto para personas como para animales.

Compost Caliente

El compost caliente tiene dos elementos principales que generan la reacción. El Carbono (C) y el Nitrógeno (N). Los materiales ricos en carbono ,llamados materiales marrones, son cosas tales como la paja, virutas de madera, papel u hojas. El estiércol animal proporciona el Nitrógeno necesario para la reacción. A
Para alcanzar la temperatura correcta, la proporción correcta entre carbono y nitrógeno ha de se ser 25:1, esto es, 25 partes de Carbono por cada parte de Nitrógeno. El calor indica que las bacterias están trabajando duro rompiendo cada material para convertirlo en un compost **uniforme**. La temperatura ideal de una pila de compost ronda los 131-140°F (55-65°C). A este rango de temperaturas, los **microbios** dañinos, patógenos y semillas de malas hierbas perecen. Si alcanza temperaturas mayores es el momento de voltear la pila, dejar que el calor salga y volver a comenzar. Voltear la pila regularmente ayuda a que se airee , alimentando de esa manera las reacciones que se dan en su interior. Si la pila se vuelve anaeróbica se debe a que no se le aporta el aire necesario y empezará a oler mal. Las reacciones aeróbicas huelen a mantillo de tierra, no a podrido.

> **Descomposición:** Es el proceso de putrefacción, **Microbios** descomponedores: Pequeños organismos vivos que se pueden ver sólo al microscopio
> **Uniforme:** Que parece lo mismo.

Compost de Berkeley en 18 días

> **Compost Berkeley**
> 1/3 rico en carbono (triturado)
> 1/3 de material verde
> 1/3 de estiércol

El sistema de compostaje de 18 días de Berkeley, desarrollado en la Universidad de California-Berkeley, es una manera rápida y fiable de crear un compost de alta calidad. Las dimensiones mínimas de la pila son un metro cúbico (casi 3.5 pies cúbicos pies). Necesita como mínimo esas dimensiones para poder alcanzar la temperatura interna deseada. Ademas de los elementos marrones y estiércol, hay elementos "verdes" que pueden ser hierba cortada o malas hierbas. Estos añadidos le dan una mayor diversidad microbiológica al proceso. Animales muertos, pescado, consuelda, ortigas o compost viejo pueden ser añadidos en el centro de la pila al principio del proceso de compostaje. Esto acelerará el proceso de calentamiento y le dará una mayor biodiversidad al producto final.

18 Day Berkley Compost Schedlue

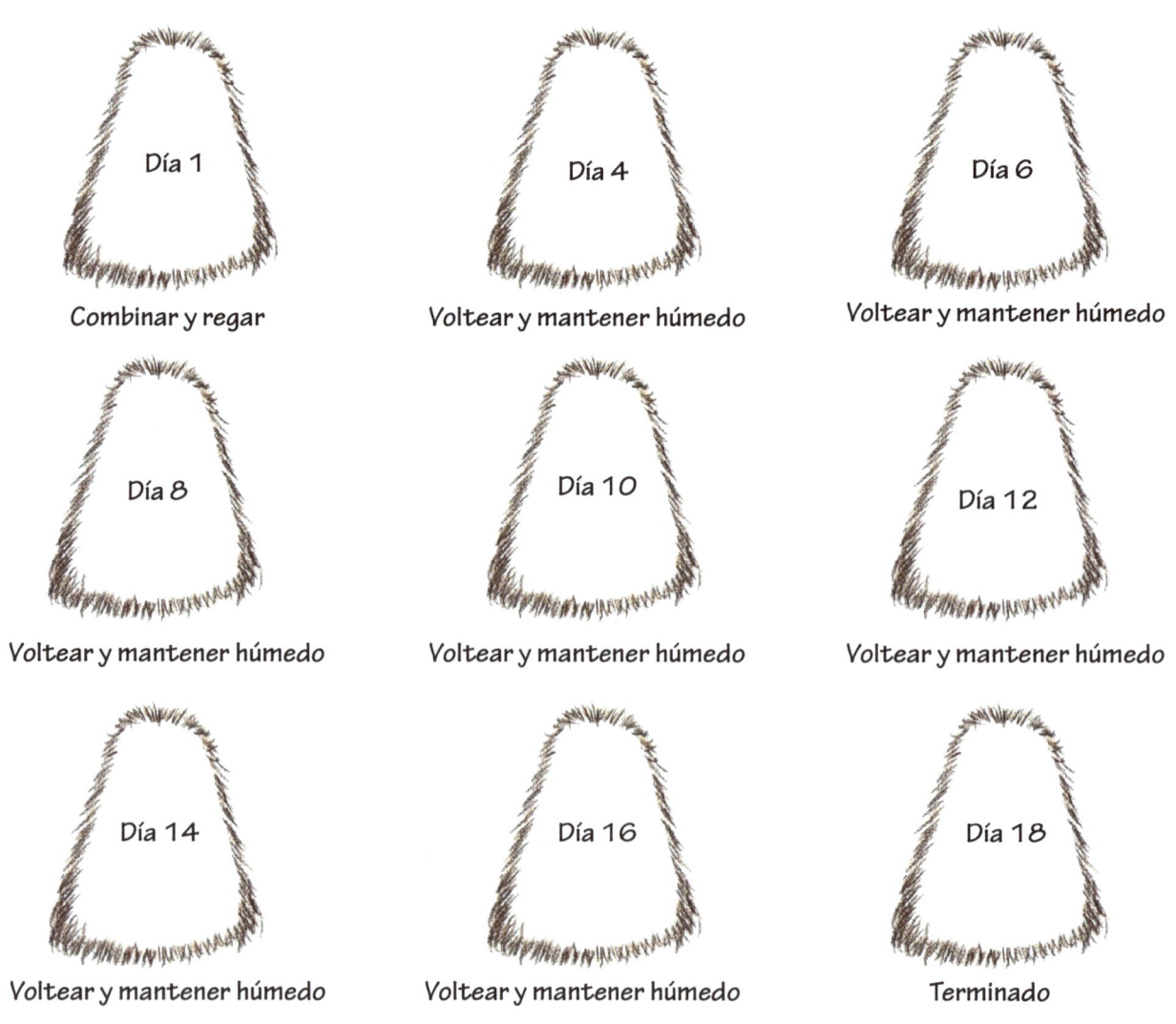

Cuando se disponen de todos los elementos, se comienza la pila empezando con una capa rica en carbono (marrones) para dotar a la pila de una buena aireación. Una vez montada la pila, se riega hasta que empiece a salir agua de la pila y se voltea según el calendario del proceso. Asegurarse de que la pila esta mojada en todos sus zonas; regar mientras se monta la pila puede ser una buena opción. Comprobar los niveles de humedad de la pila de manera rutinaria para mantener el proceso funcionando. Si tomando en su mano un puñado de la pila de compost la aprieta y de ella empiezan a salir unas pocas gotitas de agua la pila tiene un nivel de humedad adecuado.

Té de compost

El té de compost es alimento líquido para el suelo, no un fertilizante para las plantas. Se obtiene metiendo el compost en una redecilla que se suspende en un depósito de agua que se airea durante 12-48 horas mientras la vida del suelo se separa de las partículas del suelo y se reproduce. . El producto final es un líquido aeróbico rico en vida que recupera suelos muertos y ayuda a que las plantas prosperen como resultado de una mayor salud del suelo. Hay mucha maneras de hacer un infusionador de té de compost y muchas recetas que dependen de las necesidades del suelo y plantas, pero los ingredientes básicos son compost en una redecilla, agua en un depósito, un aireador (ejemplo, bomba de acuario) y alimento para los microorganismos como por ejemplo melaza, preferiblemente panela. Hay gente que también le añade kelp, minerales traza y otros alimentos para los microorganismos.

Una vez listo, el compost se ha de usar en las siguientes 6-8 horas. Se diluye 1 parte del té en 2-3 de agua hasta que adquiere un color de té diluido. De media se aplica una vez por temporada.

Compost de jugo de lombriz

El compost de jugo de lombriz es un sistema de crear compost sin que se precise un mantenimiento constante. Cualquier recipiente puede servir mientras tenga un drenaje en su base.

Cualquier contenedor puede valer siempre y cuando tenga drenaje en su base. El interior del recipiente se eleva de tal modo que el estiércol y el compost no tocan la base del recipiente. Una tela parasol sobre una estructura y pilotes o grava pueden retener el compost, permitiendo su drenaje.

Una vez que la grava o la tela parasol están instaladas, se deposita en el interior del recipiente una fina capa de paja u hojas y se continúa añadiendo hasta la mitad del recipiente estiércol y lombrices. Añádase restos de cocina de manera regular. Las lombrices digerirán esos materiales convirtiéndolos en vermicompuesto. El líquido proveniente del vermicompuesto posee bacterias beneficiosas para el suelo, pudiendo ser añadido de manera continua durante la temporada, quedando al de 3 meses el recipiente entero convertido en compost.

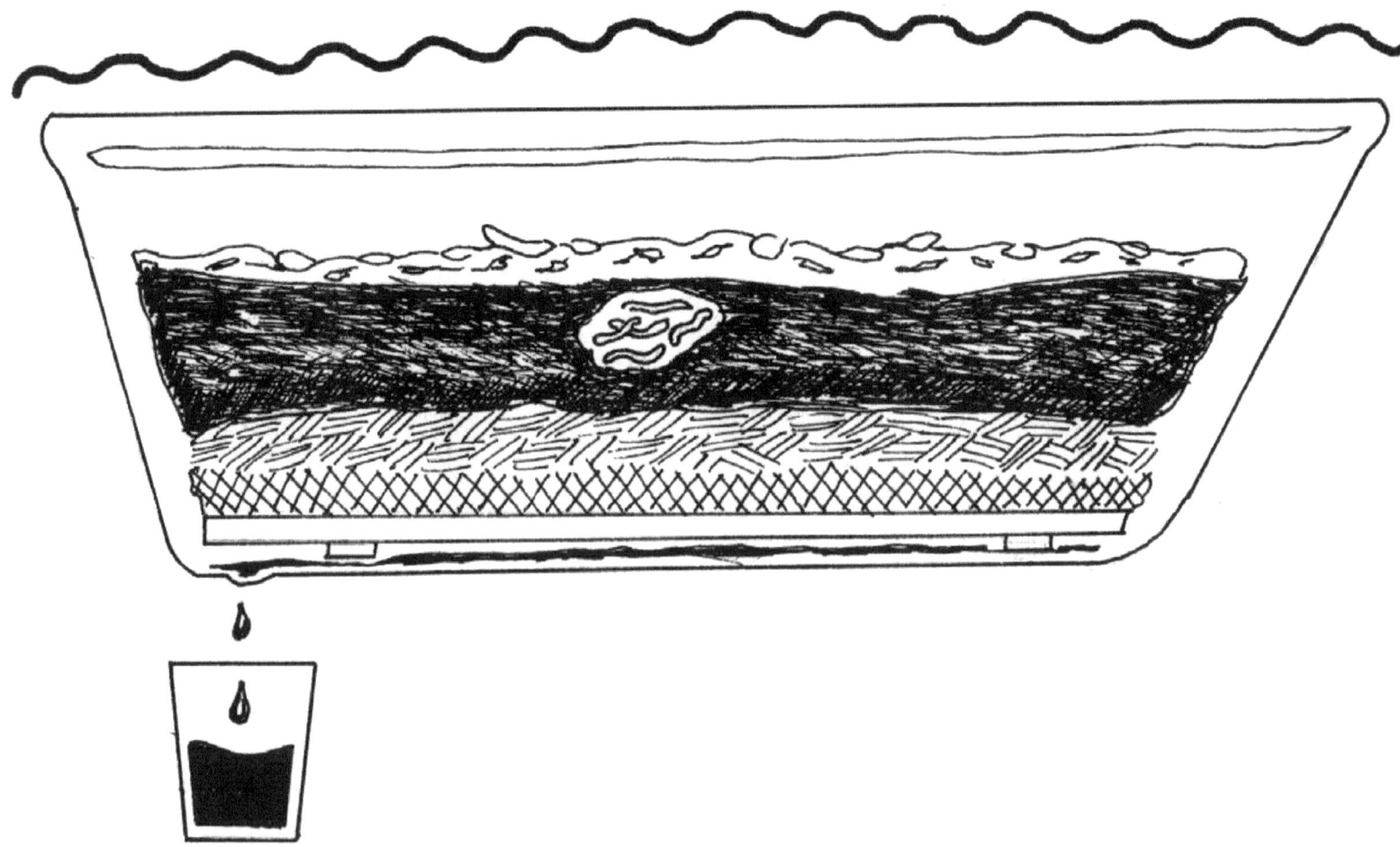

Plantas

Cortar y tirar (Chop&Drop)

Cortar y tirar es tan simple como suena y reporta un gran beneficio. Cuando la gente limpia de hierbas su huerto, también están quitando los nutrientes que el suelo precisa y que las hierbas estaban acumulando. Cuando cortamos y dejamos en el suelo las hierbas, aceleramos el proceso natural de reparación del suelo. A pedazos más pequeños, mayor es la velocidad de descomposición.

Leguminosas

Las leguminosas acumulan nitrógeno en el suelo. Son enriquecedoras del suelo, gracias a ellas otras plantas pueden prosperar. Hay multitud de variedades leguminosas que ocupan todas las capas del bosque. Son de crecimiento rápido, a menudo llamadas "malas hierbas". Los árboles leguminosos pueden ser **trasmochados** en su base o en altura sin matarlos.

Las leguminosas tienen numerosos usos. Pueden preparar la huerta o el bosque comestible como **cultivo** de cobertura. Pueden ser **especies de apoyo** en un bosque comestible. Pueden ser comida de humanos y animales. Su madera puede ser usada para leña. Su acolchado es de una muy alta calidad.

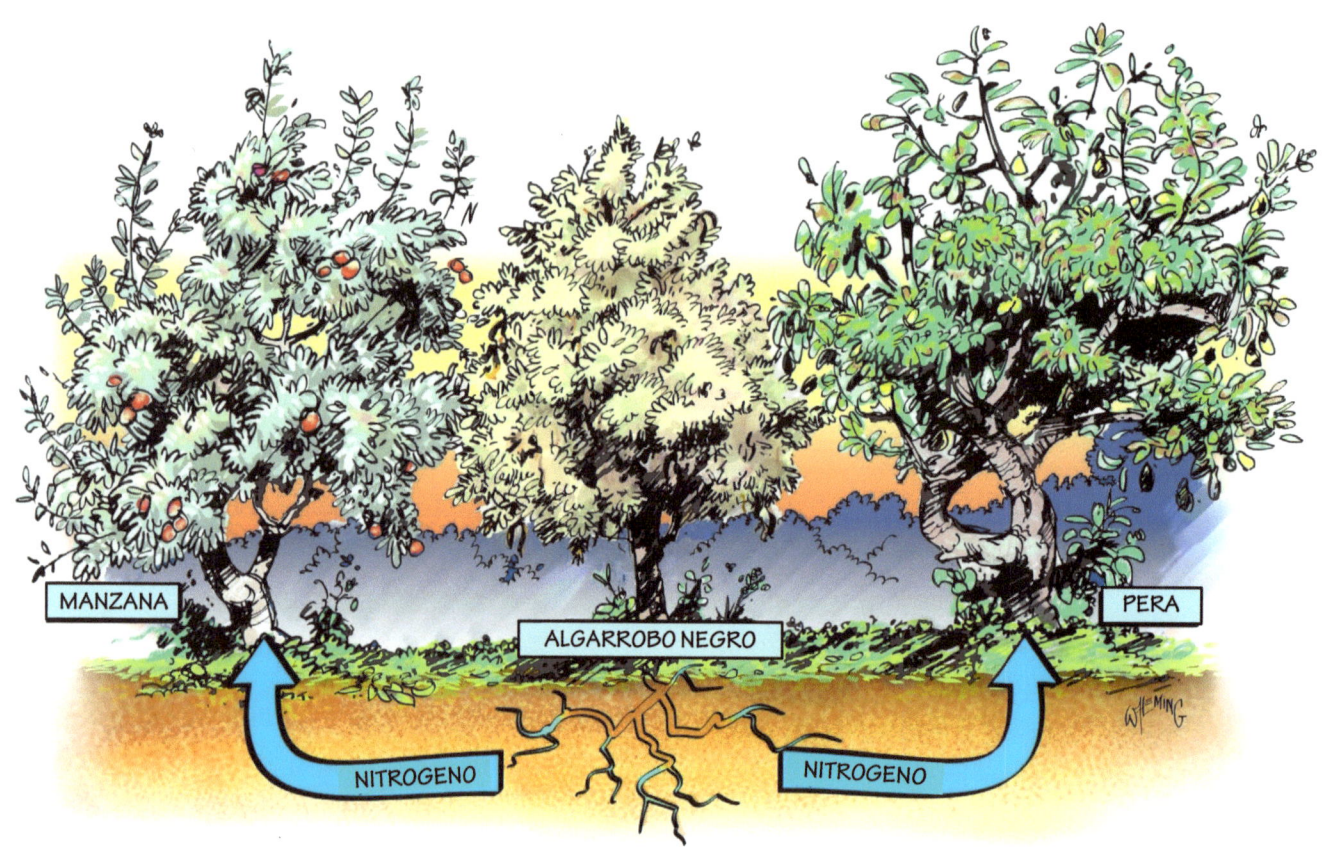

Trasmochado en la base: Especies especiales tales como el eucalipto o el sauce pueden ser cortados para que rebroten, produciendo numerosos rebrotes que pueden ser cosechados. Algunos árboles como las coníferas no responden bien a este tratamiento.

Trasmochado en alto (Poda): Cortar las ramas más altas para estimular el crecimiento vertical.

Cultivo de Cobertura: Plantas empleadas para cubrir el suelo desnudo que suelen enriquecer el suelo. A menudo son leguminosas anuales que se emplean en el suelo en barbecho entre las plantaciones intensivas de primavera y verano.

Especies de Acompañamiento: Animales o plantas que favorecen la existencia de otras plantas o animales.

Asociaciones de plantas

Una asociación de plantas es un grupo de plantas o policultivo que funciona bien. Cada especie mejora y protege las funciones de otras especies. Podemos investigar nuevas relaciones de asociaciones, especies acompañantes y éxitos de horticultores locales para seguir aprendiendo.

Bosques comestibles

Un bosque comestible es una paisaje arbolado que imita los procesos naturales de un bosque. Mediante el uso de leguminosas, cortar y tirar, asociaciones de plantas, capas del bosque adecuadas y swales, un bosque comestible puede ser establecido rápidamente y durar cientos, incluso miles de años.

En la plantación se comienza con un 90% de especies de apoyo y 10% de árboles productivos y en su clímax el 10 % son especies de apoyo y 90% son árboles productivos.

Sucesión ecológica (o forestal)

Cultivo de cobertura de leguminosas- 6 meses
Pequeños arbustos leguminosos – 4-5 años
Árboles y arbustos leguminosos de medio plazo y árboles de futuro- 10-15 años
Árboles leguminosos de largo plazo y árboles de futuro- 15-30 años

Las leguminosas poseen una velocidad de sucesión rápida, alimentando las plantas y el suelo en el proceso. Esto conlleva a menos trabajo y altos rendimientos en edades tempranas.

Red y olla

Red y olla es un sistema de plantado empleado en climas secos y en grandes pendientes. Los árboles se plantan en **depresiones** someras (las ollas) y estas ollas se conectan entre si mediante una serie de zanjas (la red). Este sistema captura la escorrentía y la lluvia y la dirige a las asociaciones de árboles junto con los nutrientes o acolchado transportado por el camino.

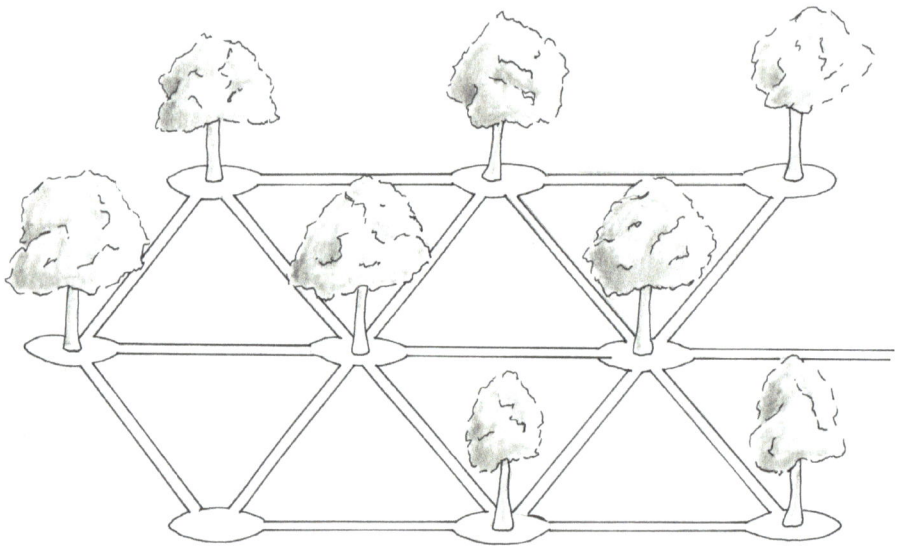

Plantaciones masivas

La selección mediante plantación masiva es una técnica de cultivo de plantas. Cuando un grupo de plantas de la misma especie, éstas revelan toda su **variación genética** posible. Esto hace que sea fácil localizar **características deseables**, aunque sólo se encuentren en una de cada 1000 plantas. A mayor número de plantas, mayor la posibilidad de encontrar características interesantes.

Seleccionar atributos deseables ha de ser hecho con cautela. No se debe seleccionar más de 2 atributos cada vez. La producción temprana y el **vigor** deberían ser los primeros atributos a buscar. Una vez conseguidos, otros atributos como el sabor, color y alta producción pueden ser seleccionados.

> **Depresiones:** Zonas bajas en la tierra
> **Variación Genética:** LA diversidad de la expresión genética.
> **Característica:** Rasgo, cualidad.
> **Vigor:** Fuerza y abundante salud.

Cortavientos

Los cortavientos proveen de refugio del viento y se pueden hacer de empleando infinidad de elementos. Alineaciones de árboles robustos hacen un cortavientos efectivo y sostenible. Vallas, setos o terraplenes pueden hacer esta función. En un sitio con fuertes vientos tener un cortavientos es de alta importancia.

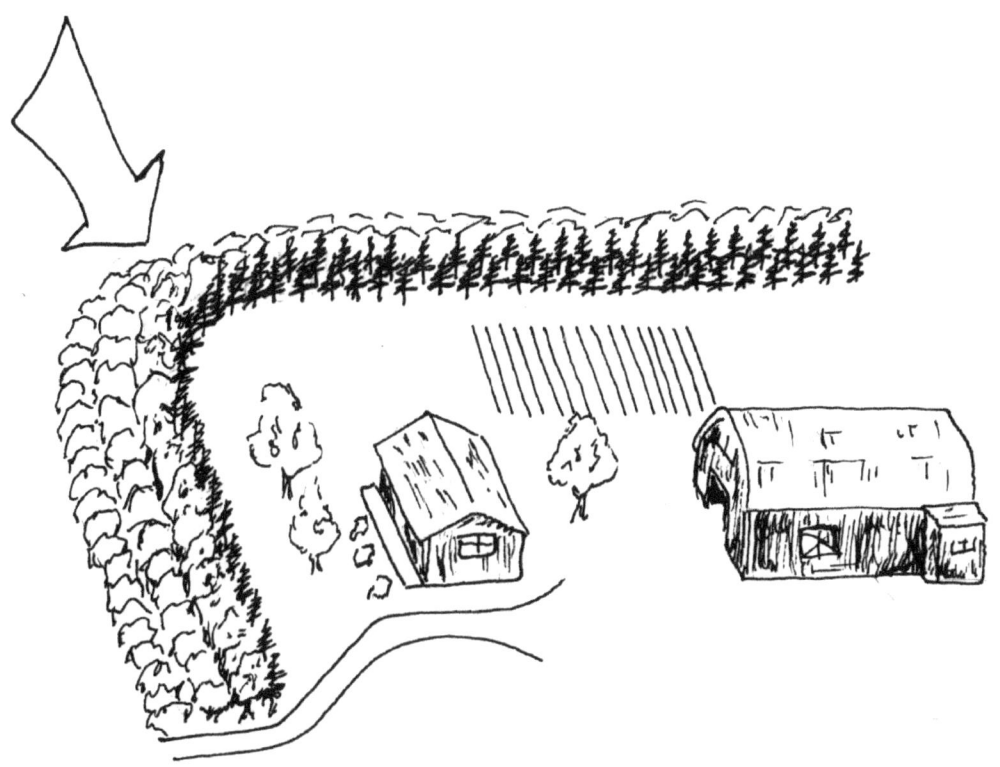

Microclimas

Los microclimas se pueden diseñar, de manera que podemos extender las posibilidades de cultivo de un lugar. Las opciones para crear microclimas son ilimitadas. Las rocas y los estanques absorben la energía solar y la liberan después de que se haya puesto el sol. También reflectan la luz solar hacia otros objetos. Los cortavientos se pueden diseñar de forma que protejan un sitio de enfriarse o calentase. La orientación al sol provee de la mayor energía potencial a ese lugar, pero en zonas extremadamente calurosas la sombra será lo más deseable. En resumen, un microclima es la manipulación de la cantidad de energía que llega a una zona.

Animales

Rotación de potreros

La rotación de potreros es una técnica de pastoreo animal que mejora el suelo, el pasto y la salud animal. Los animales pacen en una zona durante un periodo corto de tiempo antes de ser movidos a otra zona. Esto reduce la compactación, mejora el crecimiento del pasto y previene que los animales coman demasiado pasto, incluyendo aquellas especies de plantas que no son muy beneficiosas. El ganado al comer sólo lo mejor del pasto, su salud y nutrición mejoran mucho en el tiempo.

Tractor de gallinas

Los tractores de gallinas son hábitats portátiles para gallinas que permiten a las gallinas buscar alimento en el suelo. Es similar a la rotación de potreros, pero en vez de mover únicamente a los animales, en este sistema se mueve también toda la estructura.

Hay muchos animales que se pueden "tractorear", tales como vacas, cerdos, ovejas, cabras y conejos, aunque a menor tamaño del animal , más pequeñas son las estructuras, haciendo más fácil su manejo. La rotación de potreros se suele emplear con ganado de gran tamaño y el tractoreo con animales pequeños, aunque no siempre es así. Los tractores funcionan mucho mejor en zonas llanas y uniformes aunque con las adaptaciones necesarias pueden trabajar bien casi en cualquier terreno.

Remineralizando los suelos mediante el pienso animal

Es uno de los mejores modos de incorporar minerales que el suelo adolece de una manera natural y efectiva. Compostar estiércol y empleándolo en el huerto ayudan a producir alimentos nutricionalmente más densos. La mayoría de nuestra comida hoy en día son deficientes en nutrientes porque nuestros suelos también lo están. Ambos problemas se pueden solucionar mediante la remineralización del suelo.

Receta de remineralización animal

2.5 gr/0.5 cucharaditas de sulfato de cobre disuelto en agua caliente-mata parásitos intestinales.

15gr/ 1 cucharadita de Dolomita Animal - neutraliza los efectos venenosos del sulfato de cobre.

165gr/1 cucharadita de Azufre- compensa el pH alterado por la alcalinidad de la Dolomita.

15 gr/1 cucharadita de kelp- Proporciona minerales marinos.

15 gr/1 cucharadita de roca en polvo- añade minerales terrestres.

64 gr/ 0.5 taza de vinagre de manzana orgánico- acidifica

Mezclar todo con melaza para animales rumiantes.

Acuicultura

Acuicultura es el cultivo de animales y plantas acuáticas para su consumo. Este sistema puede llegar a ser hasta 30 veces más productivo que los sistemas basados en el suelo. Cuanto mayor sea el cuerpo de agua, más estable será el sistema, lo que redunda en un menor esfuerzo en el mantenimiento de dicho sistema que se emplea en cosechar más productos. Las plantas acuáticas son un excelente acolchado. Pueden albergar más agua que el acolchado de especies terrestres, llegando en algunos casos a poder albergar 40 veces su peso en agua.

Acuático: Que pertenece al hábitat del agua.
Cultivo El proceso de crecer.

La cadena trófica en acuicultura
- Algas
- Zooplancton
- Crustáceos
- Peces

Nivel Plantas Acuáticas
- Plantas de borde
- Plantas de aguas someras
- Plantas de aguas profundas
- Plantas flotantes

Diseño en Permacultura 66

Chinampas

Las Chinampas son el sistema de producción de alimento más fértil y productivo del mundo. Mediante la combinación de acuicultura y agricultura perenne en un sistema que aumenta el efecto borde, estos sistemas pueden ser fértiles durante siglos. Cuando los españoles llegaron al valle de México por primera vez, fueron testigos de una red de canales de agua con cultivos que crecían en islas alargadas rodeadas de agua. Estas tiras estaban aseguradas mediante vallas y árboles como sauces y cipreses.

Una chinampa se forma cavando una zanja por debajo del nivel del agua y depositando la tierra cavada en una tira a un lado de la zanja, de modo que elevamos la tierra y profundizamos la zona inundada. Una vez que la tierra está más alta que la zona encharcada ésta empieza a secarse. Al suelo que se ha sacado de la zanja es anaeróbico y necesita tiempo para que la vida del suelo lo convierta en aeróbico. Los cauces marinos someros tienen un suelo muy fértil, por lo que cultivar alimentos en una chinampa es altamente productivo. Asimismo, es un perfecto ejemplo del efecto borde. Al ser toda la chinampa un borde entre agua y tierra, las interacciones entre especies aumentan radicalmente. El suelo es enriquecido constantemente, lo que lleva a que aumente la producción.

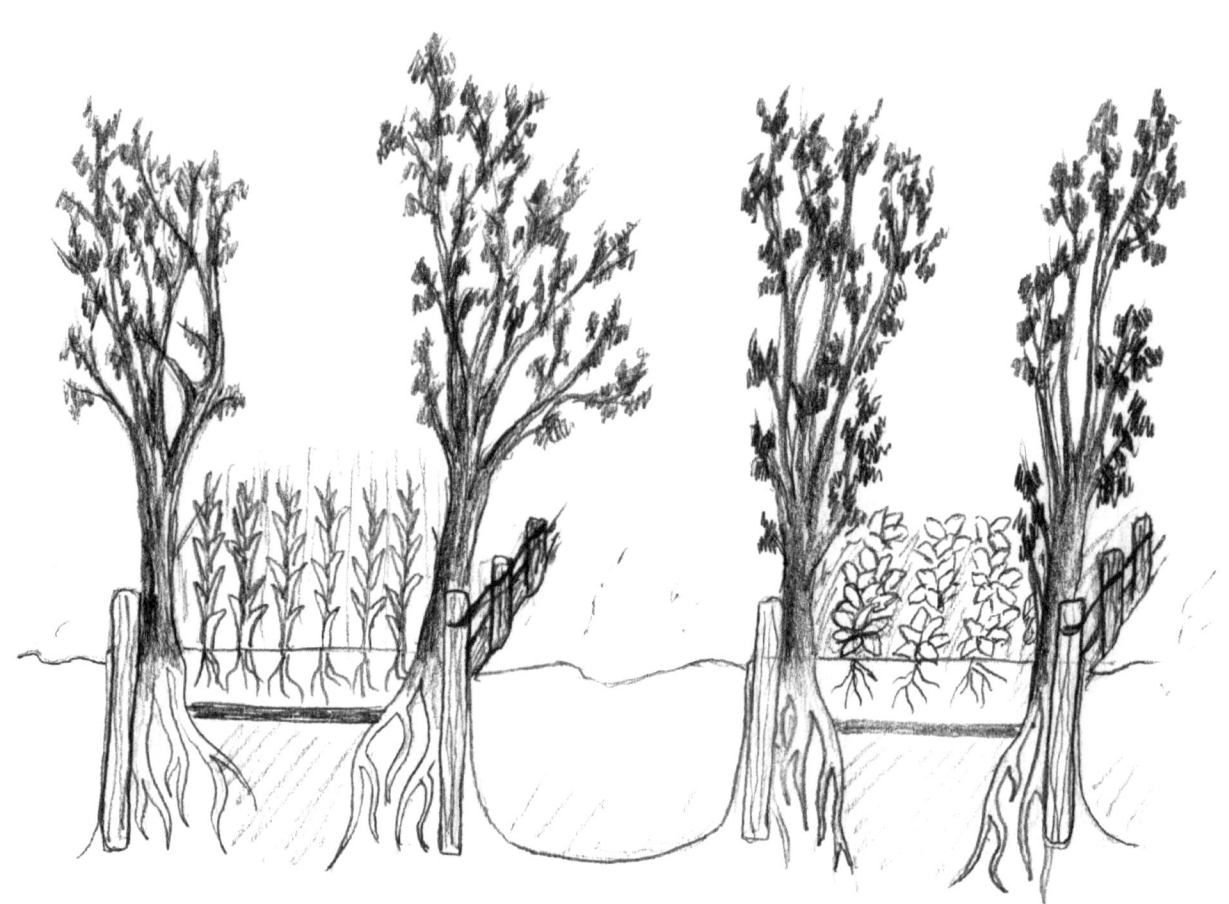

Estanques

Los estanques retienen agua y generan sistemas biodiversos que pueden aumentar rápidamente la fertilidad y producción de un lugar. Si un sistema de estanque está ligado a sistemas terrestres, las posibilidades se multiplican.

Peces de dieta vegetariana, tales como la Tilapia pueden ser alimentados por las plantas del estanque. Auto-recolectan su comida y sus deshechos alimentan a las plantas en un ciclo sin fin.

> **Hidropónico:** Plantas que crecen en agua rica en nutrientes pero sin suelo.

Acuapónicos

La Acuaponía es un sistema donde los peces y la **hidroponía** se unen. Los desechos de los peces sol filtrados por las plantas. El agua del estanque se bombea a las camas de grava donde se albergan las plantas, que absorben los nutrientes de los desechos de los peces, devolviendo el agua al estanque limpia. Hay muchas variaciones de este modelo básico. Si produce plantas que sus peces consumen, plantas y peces se alimentaran indefinidamente (siempre y cuando las bombas funcionen!)

agua limpia se bombea de nuevo al depósito

Diseño en Permacultura

Movimientos de tierras

Consisten en manipular el terreno de manera que capture más energía.

Hugelkultur

Hugelkultur, del alemán "cultivo en montículos", es una cama o arriate elevado que imita los ciclos del bosque. Al igual que en un bosque las plantas crecen encima del árbol caído, el Hugelkultur lo hace en troncos de árboles enterrados bajo tierra y acolchado. La humedad es atrapada por los troncos en descomposición del interior del montículo, a medida que se pudre el tronco, éste libera calor y nitrógeno y carbono de manera constante, que son aprovechados por las plantas que crecen en el Hugelkultur.

El Hugelkultur tiende a tener una zona en sombra y otra más expuesta al sol. Esto ayuda a decidir qué plantas poner ya que muchas plantas tienen preferencias de exposición al sol.

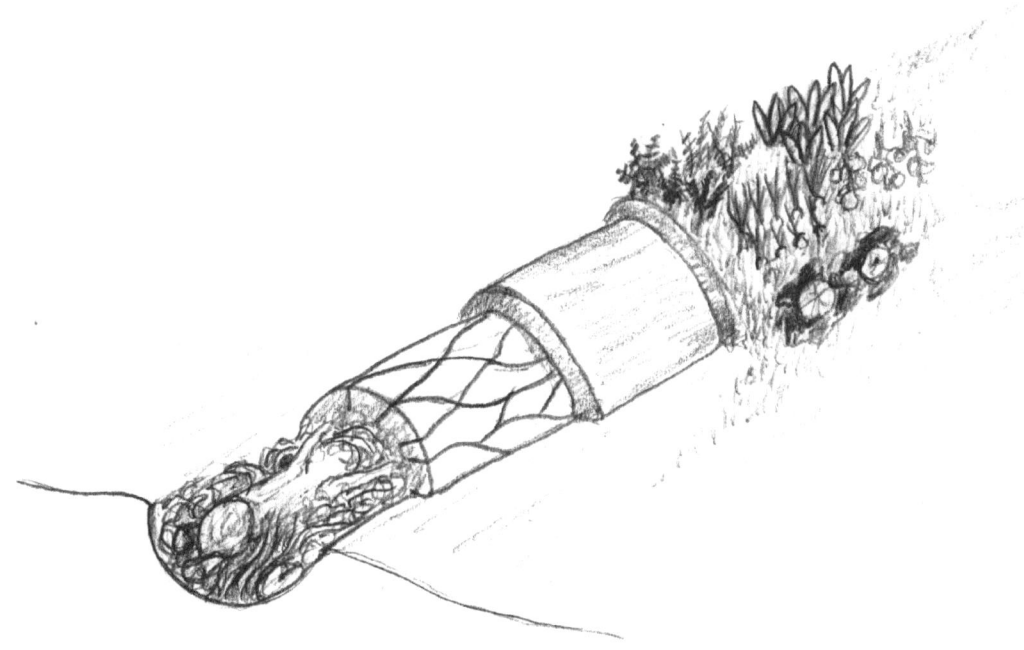

Swale

Un Swale es una zanja cavada a nivel de tal modo que absorbe el agua capturada y la libera de manera pasiva en el paisaje. Puede cavarse a mano, con pala o usando una excavadora. La escala de esta zanja no cambia la función que desarrolla absorbiendo agua. Usando un nivel y estacas para marcar la curva de nivel, el suelo puede ser retirado de la parte alta de la ladera y depositarse en bajo dicha curva de nivel

El talud creado debería tener el mismo ángulo que la pendiente general de la ladera, intentando que sea lo más suave posible.

Los Swales detienen el agua y al ser el montículo de la zanja poroso y permeable, obligan al agua a que penetre en la tierra. Si hay fuertes lluvias puede llegar a llenarse, por lo que es importante que tengan un **rebosadero en forma de repisa a nivel** por seguridad. Esto protege al montículo del swale de la erosión y corrimientos de tierra.

> **Rebosadero de repisa a nivel:** Es una sección de tierra compactada que está más baja que el extremo superior de la presa, lo que propicia que el agua rebose por ese lugar en caso de que el nivel del agua suba demasiado en el embalse o Swale. Permite al agua fluir suavemente por la repisa, previniendo la erosión.

Los swales son sistemas de plantacion de árboles y deberían plantarse inmediatamente o al de poco de hacer la excavación para evitar la erosión. La mayoría de las plantas serán leguminosas, pero se puede usar para el diseño cualquier planta fijadora de nitrógeno que se de bien en la zona. Escondidos entre las plantas fijadoras de nitrógeno estarán los árboles frutales y de madera. Los árboles fijadores de nitrógeno serán cortados de manera rutinaria para alimentar a los árboles de futuro con su acolchado en superficie y bajo tierra las raíces de las leguminosas al morir fijan carbono y nitrógeno. Los elementos menores del sistema morirán o crecerán por los bordes, dejando grandes árboles leguminosos de futuro como acompañantes de los árboles de dosel de futuro frutales y de madera. Estos árboles sujetarán el swale en su sitio durante generaciones y crearán a largo plazo sombra y cortavientos, reteniendo humedad y calor en el suelo durante más tiempo, que a su vez creará fertilidad y diversidad.

Nuevas oportunidades se revelan a cada paso del proyecto.

Embalses

El agua es un recurso muy preciado. Sólo el 3% del agua del planeta es dulce, agua que no es salada. El 75% de esa agua dulce está congelada. El agua dulce restante necesita ser gestionada adecuadamente mediante un diseño adecuado. La permacultura proporciona medios en el que el agua puede ser retenida en la tierra.

"Donde hay agua, hay vida."
- Geoff Lawton

Los embalses o estanques retienen agua en el paisaje. Los embalses más habituales se dan en el fondo de los valles. Estos embalses recogen mucha agua pero también tienen mucha presión en sus muros, además de no tener energía potencial. La gravedad es una herramienta muy poderosa. Un estanque se puede dar en la parte más baja del relieve, pero en un buen diseño esto se da únicamente cuando el curso de agua ha agotado toda su energía potencial.

El ratio del grosor del muro del embalse respecto a su largura ha de ser 1:3. Por eso el/la diseñador/a busca puntos de apoyo en el relieve para ahorrar tiempo, dinero y energía.

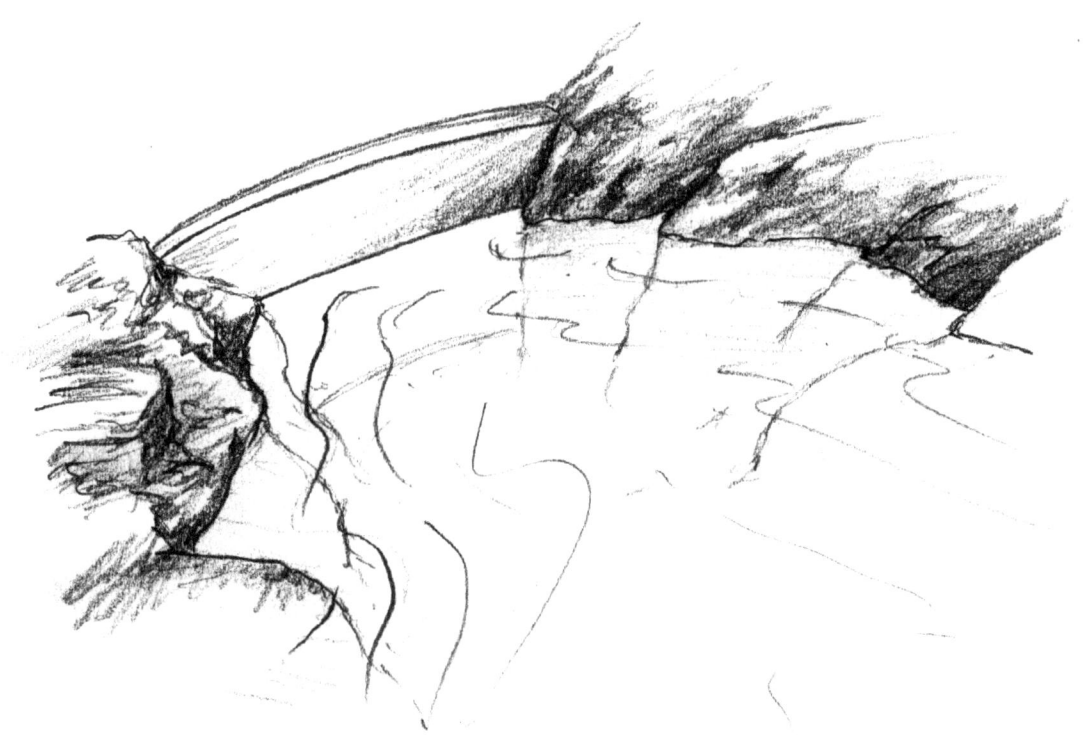

Tanques de tierra
- Zonas llanas
- Almacenamiento de agua
- El agua ha de ser bombeada dentro del tanque

Embalse a curva de nivel
- Se construye en zonas bajas y llanas con menos del 8% de pendiente
- A nivel
- Su fondo es llano
- Somero
- Acuicultura

Embalse en punto clave
- Técnica de reforestación,.
- A menudo conectados por Swales a lo largo de la línea clave

Embalse en garganta de montaña
- Se hace en la parte llana de la garganta
- Pueden ser conectados a swales
- La parte alta del muro del embalse se une a la parte superior de la garganta

Embalse en silla de montar.
- En una garganta entre dos colinas
- Es el embalse a mayor cota.
- Tiene dos paredes
- Numerosos aliviaderos
- Pueden ser conectados a swales

Gabiones

Los gabiones son contenedores hechos de alambre, habitualmente de forma cúbica, que se llenan con rocas o pedazos de hormigón y que se emplean en el control de la erosión u otros empleos en la construcción. Cuando el agua atraviesa un gabión, éste atrapa los limos que transporta el agua y las rocas del gabión además condensan agua. Esta agua condensada puede crear un pequeño curso de agua estable durante ciertos periodos de tiempo. En zonas muy áridas una serie de muros de gabiones puede ser la única fuente de agua en muchos kilómetros a la redonda. Del muro situado a mayor cota puede emanar un goteo de agua durante 3 meses, el siguiente muro puede hacer lo mismo durante 6 meses, el siguiente durante 9, haciendo que el muro de gabiones situado a la cota más baja emane agua todo el año. Dependiendo del lugar se pueden necesitar más o menos muros de gabiones para conseguir el efecto descrito.

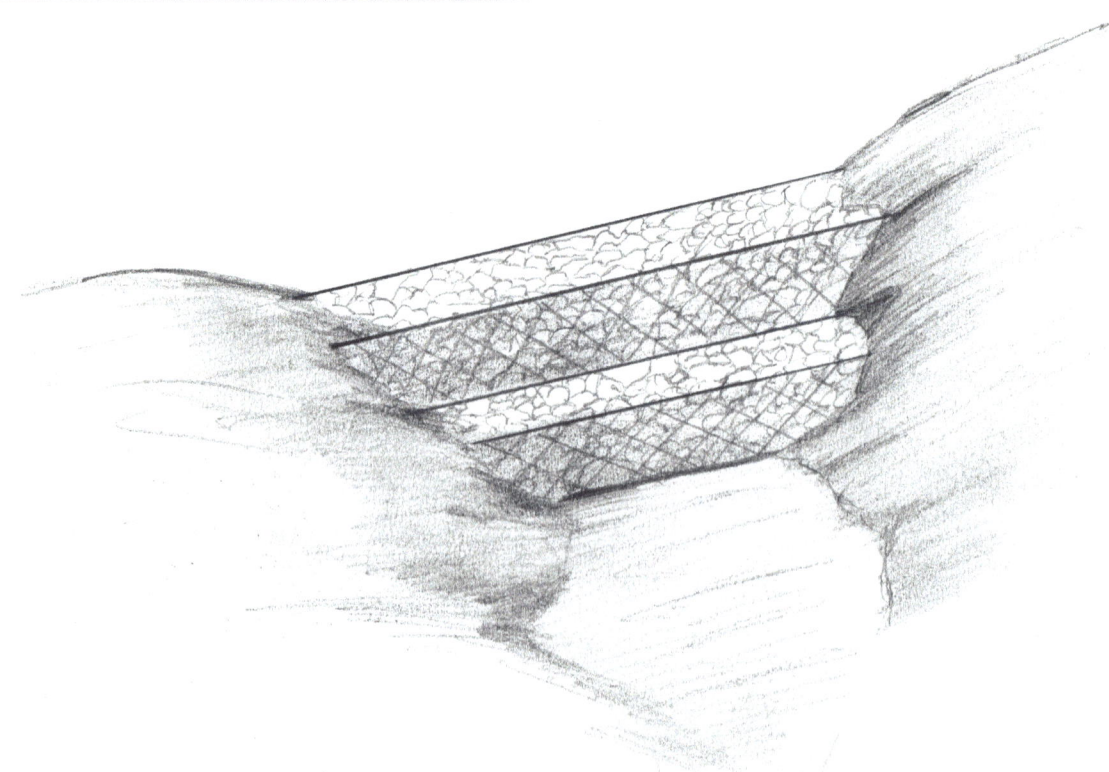

Diseño en Permacultura 72

En el hogar

Captación de agua

Cualquier superficie rígida como un tejado va a tener escorrentía. Usando canalones, una válvula de desvío de primera descarga y un depósito de agua, prácticamente toda el agua de lluvia puede ser almacenada.

> **Desviador primario de agua de lluvia:** Las primeras lluvias limpian el tejado. Este sistema de desvío no deja que el agua sucia entre al depósito de agua, asegurando que el agua almacenada es limpia.

Calefactor de masa térmica "Rocket"

Un calefactor de masa térmica rocket es una estufa que su **escape de humos** pasa por una gran masa térmica, tal como piedra, hormigón, arena o **cob**. Puede calentar un banco, el suelo o una pared. El calefactor rocket es un tubo en forma de "J" en que las ramitas y palos arden de manera eficiente. La parte baja de esa "J" es por donde se meten las ramitas, que al estar en posición vertical, hace que la gravedad vaya metiendo el combustible dentro del calefactor a medida que se va consumiendo. La alta chimenea del

> **Escape:** Gases liberados en la combustión o durante el manejo de una máquina
>
> **Cob:** Material constructivo natural que se compone de agua, paja, barro y arena. Es ignífugo y fácil de modelar en cualquier forma.

sistema genera succión que hace que la llama arda horizontalmente, haciendo que los humos generados en la combustión se quemen en la parte alta de la "J". El aire caliente resultante se canaliza por la masa térmica en la que el aire intercambia el calor con la masa térmica, almacenándola en la masa, que ira radiando el calor gradualmente durante un largo período de tiempo. Los calefactores de masa térmica Rocket pueden funcionar durante periodos cortos de tiempo y calentar hogares por un día entero en invierno en lugares tales como Montana, EE.UU. Los calefactores Rocket pueden ser también empleados en generar agua caliente, vapor y cocinar.

Invernadero

Un invernadero es una estructura con muros y techo de cristal o plástico que permite la entrada de tanta luz solar como es posible y atrapar el calor emanado por el sol. En ocasiones los invernaderos alcanzan tanta temperatura que han de ser ventilados. Un invernadero bien diseñado puede proporcionar de alimento todo el año. Asimismo, permite cultivar plantas con requerimientos climáticos diferentes a las de la zona.

Además de comida, un invernadero adosado a un edificio puede calentarlo enviando el aire caliente generado en el invernadero al edificio, siempre que el invernadero esté orientado al sol. Ubicando un respiradero en la parte más alta del edificio hará que el aire caliente suba por él, haciendo que la casa se ventile pasivamente.

Umbráculo

Es una estructura sombreada empleada para cultivar plantas que sensibles a la luz y el calor en épocas o climas cálidos. Se puede emplear también para enfriar una casa mediante la instalación de un respiradero bajo en el tabique común a la casa ya que el aire frío es más pesado. Un umbráculo se añade a la casa en un lateral que no esté expuesto al sol.

Walipini

Es un invernadero subterráneo. En Aymará la palabra "walipini" significa "lugar templado". Este diseño aprovecha la estabilidad térmica de la tierra y la orientación al sol para mantener a las plantas en un ambiente caliente en zonas extremadamente frías. Su tejado puede ser de plástico transparente o vidrio. El ángulo del tejado respecto al sol ha de ser de 90º en el solsticio de invierno a fin de capturar la mayor cantidad de energía en el día más corto del año.

Diseño en Permacultura

2000 m de altitud. Pueden atrapar una gran cantidad de calor. Muchos walipinis tienen chimeneas para evacuar el exceso de calor. Las camas de cultivo están encima de la gravilla para evitar que el agua se estanque. Son una manera fácil y económica de cultivar comida en inviernos fríos.

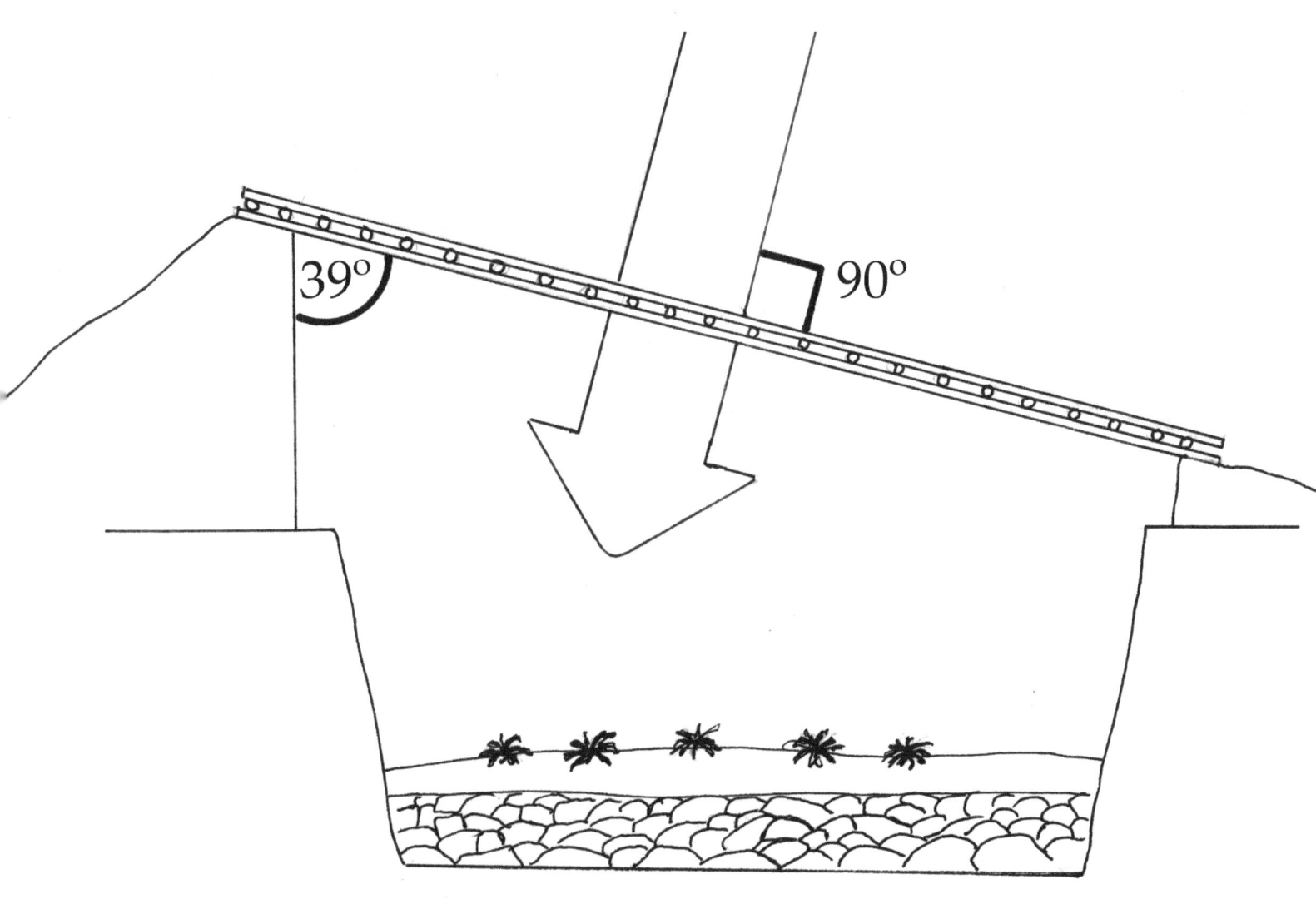

Wofati

Basada al 80% en el trabajo de Mike Oehler sobre arquitectura subterránea, el wofati de Paul Weaton es un tipo de arquitectura subterránea que permite que la luz entre en ella, con el beneficio de no necesitar refrigerarla o calefactarla. Este diseño atrapa en su masa térmica el calor aportado por el sol en los meses veraniegos y lo libera en invierno. La tierra que rodea la casa la mantiene fresca en verano y cálida en invierno. Son muy rápidas y económicas de construir.

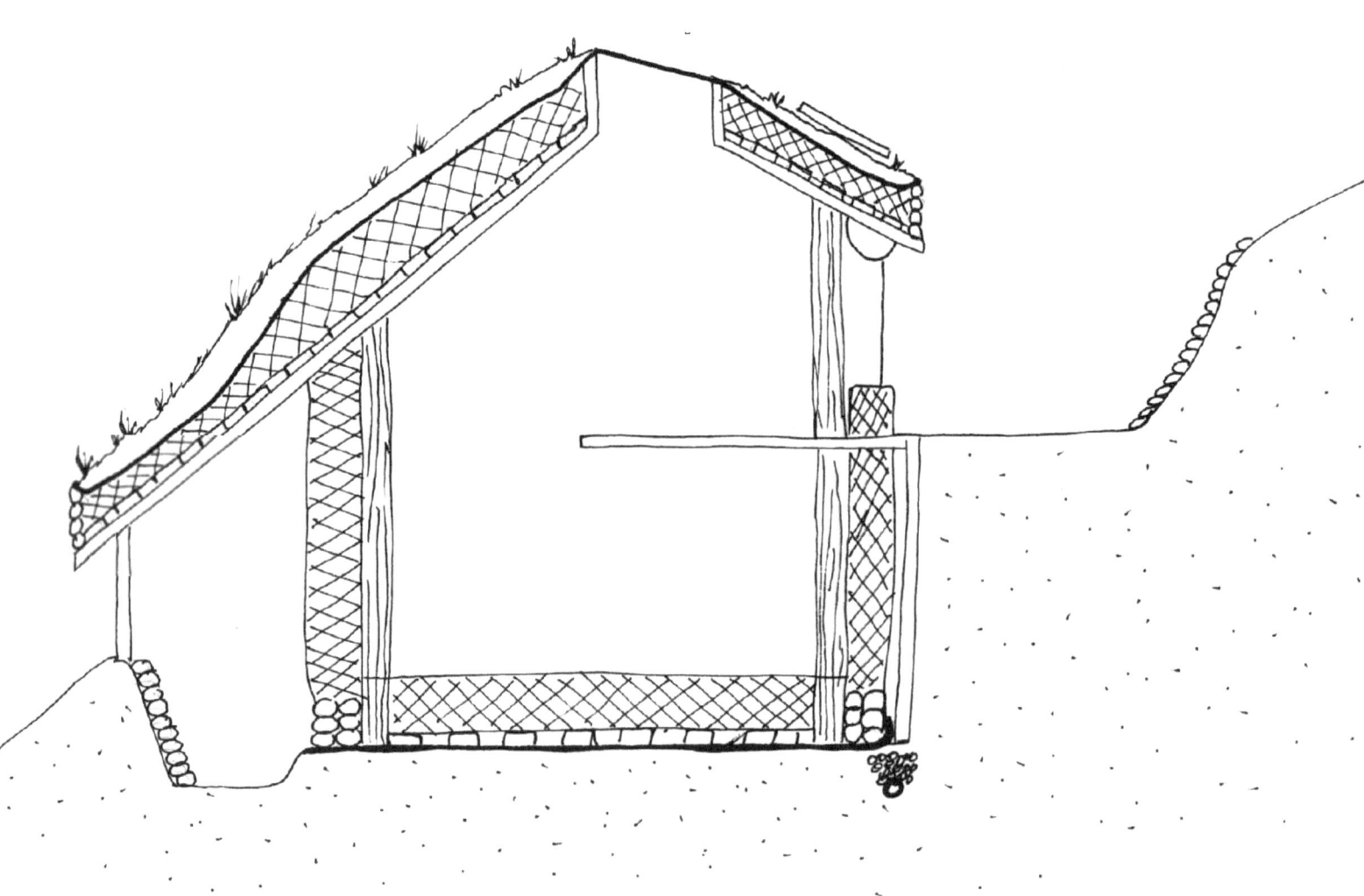

Capítulo IV.

Permacultura y el futuro

Permacultura y el futuro

Si podemos crear una relación simbiótica con la naturaleza, podemos construir la resistencia que necesitamos para un futuro mejor. Usando la ciencia de la permacultura, podemos revertir la degradación de los suelos, la escasez de agua, la deforestación y resolver conflictos. Podemos ir más allá y crear sistemas resistentes que nos puedan proteger del cambio climático. Esto requerirá un esfuerzo individual de todos nosotros en nuestras comunidades, haciendo todo lo posible con los recursos que se dispongan. Todo desecho ha de reciclarse en nuestros propios hogares. La energía y la comida han de ser generadas localmente y de manera sostenible. No hay necesidad de exportar o importar nada. Sólo tenemos que mirar a nuestro alrededor y darnos cuenta que nuestros problemas pueden ser el principio de su solución. Con los conocimientos volcados en este libro, Ud. Puede regenerar ecosistemas degradados. Puede crear abundancia en cualquier sitio sin que su edad y circunstancias sean obstáculo para ello.

Observe las plantas que conoce en su zona. ¿Hay especies pioneras o leguminosas? ¿Puede recolectar sus semillas? ¿Puede recolectar el agua de lluvia de su tejado de la tierra? ¿Puede cavar un swale? Puede recolectar acolchado, agua de lluvia o materia orgánica? Si Ud. puede hacer estas cosas, está en disposición de crear un sistema permanente que puede empezar el proceso de curación de su tierra.

Empiece ahora!

MP

Sobre el autor

Matt Powers nació en 1982 en Connecticut. Creció esquiando, dibujando y jugando al aire libre. Licenciado por la Universidad de Nueva York en literatura británica y americana, Máster en educación por la Universidad Nacional y también posee el certificado en diseño en permacultura otorgado por Geoff Lawton. Matt era músico, enseñando, yendo de gira y grabando discos en estudios de Nueva York en su segunda década de vida. Se casó con Adriana y tiene dos hijos. Adriana contrajo cáncer por dos veces en un año, la familia se mudó a California.

Tras algunos años más de giras y grabaciones Matt empezó a hacer sustituciones para posteriormente enseñar Inglés y Música digital en una escuela del valle central de California, la Minarets.us, la cual se especializa en el aprendizaje centrado en el alumno, la tecnología y en crear el espíritu comunitario.

Actualmente Matt da charlas en conferencias de educación y permacultura sobre la participación de los alumnos, permacultura y la tecnología educativa del s. XXI En otoño de 2015, Matt ha creado la Powers Permaculture Homeschool, un nuevo modelo de escuela en Sebastopol, California. También conduce el podcast Permaculture Tonight en iTunes & SoundCloud Matt espera seguir escribiendo, enseñando y compartiendo por muchos años.

Páginas Web:
thepermaculturestudent.com
twitter.com/Permaculture123
facebook.com/ThePermacultureStudent
soundcloud.com/PermacultureTonight

www.ingramcontent.com/pod-product-compliance
Lightning Source LLC
Chambersburg PA
CBHW041112070526
44584CB00002B/148